目次

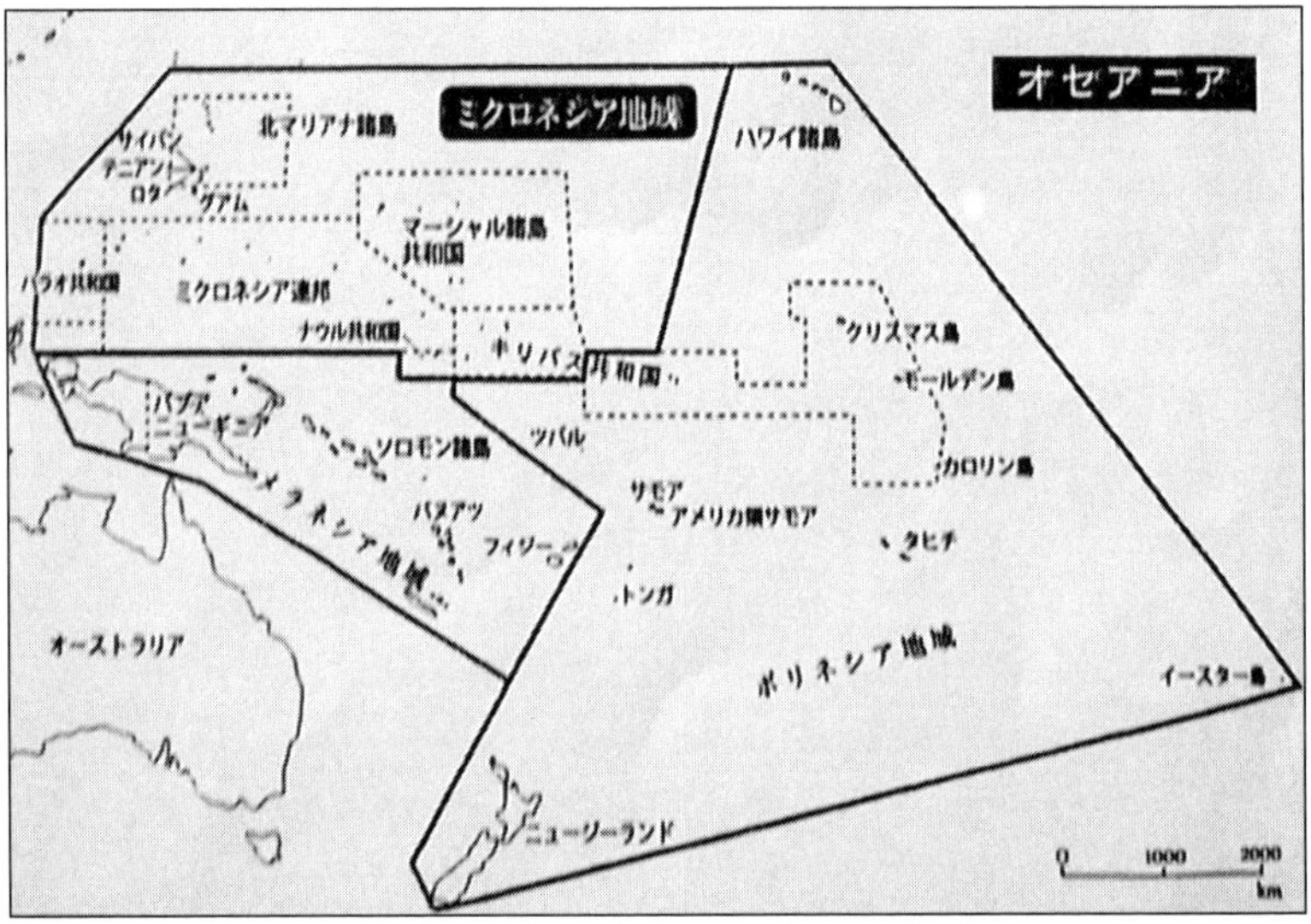

地図1　太平洋全図［中原・竹峰　二〇一三：二九］

砂糖と移民からみた「南洋群島」の教育史

一　太平洋の島々——くらし、歴史、日本との関わり

1　「南洋群島」とは？

「南洋群島」ってどこにある島ですか？

そんな質問がきてもおかしくはありません。

「南洋群島」と呼ばれていた地域は、現在は別の名前で呼ばれ、今は地図上にはないからです。


世界地図を広げてください。

日本列島をずっと南下すると、太平洋上、小笠原諸島の南に小さな島々からなる島《とう》嶼《しょ》群《ぐん》に出会います。そこにはマリアナ諸島、カロリン諸島、マーシャル諸島が広がっています。このあたりの地域を、現在ミクロネシア（「小さい島々」の意味）と呼んでいます。

さらに、太平洋の南の島嶼群には、ポリネシア（「多くの島々」の意味）、メラネシア（「黒

い島々」の意味）が広がっています（地図1）。ミクロネシアも含め、これらの地域名は、ヨーロッパ人によって命名され、今も使われています。こうしたことからもわかるように、太平洋の島々は一六世紀以降、いわゆる大航海時代*にヨーロッパの人たちに「発見」され、次々とその支配下に入ることになりました。

一九一四年に第一次世界大戦が始まると、それまでドイツ領だった赤道以北の島々、つまり現在のミクロネシアとほぼ同じ地域を日本が占領し、「南洋群島」と呼び、以後約三〇年間、この地域を日本の統治下におきました（ただしミクロネシアのうち、グアム島はアメリカ領であり、ギルバート諸島はイギリス支配下にあったため、「南洋群島」には含まれていません）。

しかし、これらの島々は紀元前からの長い歴史があり、独自の文化をもった地域でした。日本との関わりや教育について考える前に、まずこれらの島々のくらしと歴史をみてみましょう。

2　海に生きる人たちのくらし

ミクロネシアのマリアナ諸島には、紀元前一五〇〇年ごろにフィリピンやニューギニア周辺から移住が行われたといわれています。ここではヤマイモ、タロイモ、バナナやパンノキ、ヤシなどが栽培され、ブタ、ニワトリ、イヌなどの家畜を育て、石器や土器が作られていました。最近の調査により、マリアナ諸島で稲作も行われていたことがわかってきました。

太平洋での長い航海を可能にしたのは、カヌーです。細長い船体の片側または両側

*大航海時代
一五、一六世紀から、一七世紀中頃にかけて、ヨーロッパ諸国が新航路や新大陸を「発見」し、積極的に海外に進出した時代をいいます。

写真1　パンノキの実

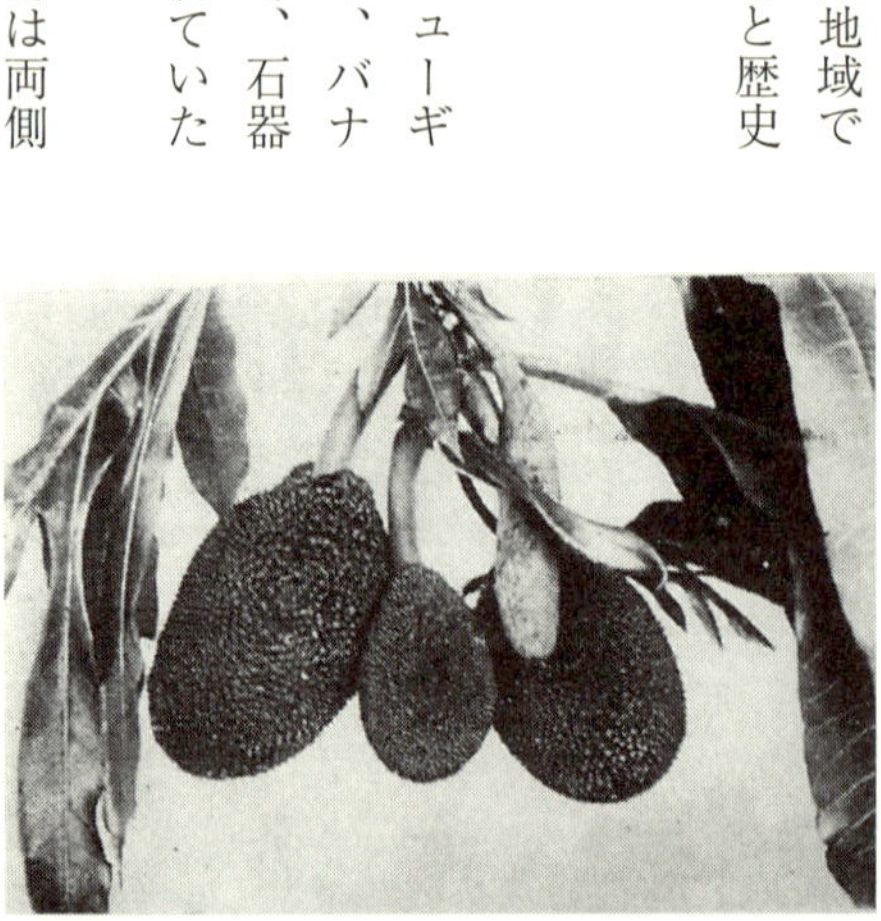

に浮き木をつけたものをアウトリガー・カヌーと呼びます。遠洋航海用の大型のものはダブル・カヌーといい、全長が二〇～三〇メートルもあり、数一〇人が乗ることができ、多くの荷物を積むことができました。

太平洋を航海した人びとは、カヌーを操りながら、島から島へと移動していったようです。太陽や星の動き、海流や風向きを読んで方向や位置をはかる、すぐれた航海術をもっていたのです。

太平洋の島々には、石の遺跡が見られます。この地域は雨が多く湿度が高いため、木がすぐ腐ってしまうので石が利用されました。マリアナ諸島のサイパン島、テニアン島、ロタ島とグアム島には、ラッテと呼ばれる石の遺跡群がみられます。テニアン島には、「タガ・ハウス」と呼ばれる巨大なラッテの遺跡があります。そのなかの一つは、石柱の上に半球形の石がのっており、高さ五メートル以上にもなります。ラッテは紀元後一一世紀ころに作られたと考えられています。また、ミクロネシア最大の巨石遺跡は、ポナペ（ポーンペイ）島にあるナンマタール遺跡で、その範囲は、幅五〇〇メートル、長さ一四〇〇メートルにおよびます。海岸の浅瀬に作られたもので、棒のような形をした堅い玄武岩《げんぶ》が城の石垣のように積み上げられています。要塞《ようさい》だったのではないかと考えられていますが、どのような方法で、いつごろ作られたのか今もわかっていません。

3　ヨーロッパ人との出会い

ミクロネシアの人たちとヨーロッパ人は、どのような出会いをしたのでしょうか。

一五二一年三月六日、太平洋を航海していたポルトガル人のフェルナンド・マガ

写真2　タロイモ

写真3　マーシャル・カヌー

リャーネス（英語よみでマゼラン）の探検隊一行がマリアナ諸島のグアム島に到着しました。この航海は難儀をきわめ、水と食料は尽きて、船員の多くが壊血病に苦しんだといいます。危機的状況のなか、この島を「発見」したのです。マガリャーネスの一行が島に近づき上陸すると、島の人たちは新鮮な水と食料を与えましたが、その後島の人たちは船に乗り込み、次々に船にある物を奪っていきました。怒った一行は、兵士を上陸させ、報復のために村の家屋に火を放ち、島の住民七人を殺害し、わずか四日間で立ち去ったといわれています。物を与えたら見返りにほしい物がもらえる、という島のしきたりを理解しないヨーロッパ人は、島の人たちの行為を誤解し、こうした不幸な出会いの結果、マリアナ諸島は「ラドローネ（泥棒）諸島」という不名誉な名前で呼ばれることになったのです。

その後、ヨーロッパの国々は太平洋の島々を統治下においていきました。

一六世紀以降、グアム島はスペインの植民地メキシコとフィリピンを結ぶ航路（ガレオン貿易）*の水、燃料を補給する中継地となります。また、スペイン人の宣教師がマリアナ諸島でキリスト教を布教し、半年で七〇〇〇人近くに洗礼を施すなど、支配を広げていきました。一七世紀には、オランダ人が太平洋に進出し、一八、九世紀になると、イギリス、ドイツ、アメリカの捕鯨《ほげい》船、貿易商人、伝道者たちが太平洋諸島に上陸し、商売や布教を通じて、島の人々の生活に深く関わってくるようになっていきました。

一八九八年、アメリカとの米西戦争に敗れたスペインは、翌年フィリピンとグアムをアメリカに譲り渡し、マリアナ諸島、カロリン諸島、マーシャル諸島をドイツに売却

＊ガレオン貿易

一七世紀、スペイン人はマニラに集まる中国製の絹織物、木綿、陶磁器、象牙細工などを、太平洋を横断してメキシコのアカプルコで売るようになりました。アカプルコでは銀を買い集め、フィリピンにもどりました。このマニラ―アカプルコ間の貿易をガレオン貿易といい、このときに使われたスペイン国王所有の大きな船をガレオン船と呼びました。

しました。ドイツは商業活動などを進めるとともに、現地住民のキリスト教化にも積極的でした。ドイツ人宣教師によるプロテスタント**の布教活動をとおして、主な島々に教会を建て、布教活動と同時にドイツ語の教育を行いました。その後このドイツは第一次世界大戦に敗北し、太平洋におけるすべての領土を失うことになり、その代わりに登場してきたのが日本だったのです。

日本は第一次世界大戦が始まると、日英同盟を理由にドイツに宣戦布告し、一九一四年赤道以北のドイツ領を占領しました。海軍はマーシャル諸島のヤルートに始まり、東カロリン諸島のクサイ、ポナペ、トラック、西カロリン諸島のヤップ、コロール、アンガウル、マリアナ諸島のサイパンの各島々を次々に支配下におさめ、軍政（軍隊による政治）をしきました。戦闘などまったくない、無血の占領でした。さらに大戦後一九一九年に、パリ講和会議***で旧ドイツ領は、国際連盟の委任統治領「南洋群島」として、日本が正式に統治することになりました。一九二二年四月、パラオ諸島コロール島に、南洋群島の統治機関として南洋庁をおき、委任統治****を始めたのです。こうして日本は、アジア太平洋戦争に負けるまで、約三〇年間南洋群島を支配することになりました。

4　南洋群島の日本人移民

ではこの三〇年間に、南洋群島にはどれくらいの日本人が渡っていったのでしょうか。現地住民人口との対比でみてみましょう。

統計によると、南洋庁がおかれた一九二二年では、現地住民四万七七一三人、日本人（朝鮮人を含みます。以下同様）三三一〇人の計五万一〇八六人でした。それが、一九三五年

**プロテスタント
三六頁参照。

***パリ講和会議
第一次世界大戦の講和会議。三二ヵ国の参加のもとに一九一九年一月パリで開かれました。会議はウィルソンの一四ヵ条にそって国際協調・民族自決をその原則とし、中東欧諸国の独立、国際連盟の設立を決定しました。

****委任統治
第一次世界大戦の戦勝国が、敗戦国の植民地などを国際連盟の監督のもとに、再分割するために作った新制度です。統治地域の自立の程度が高い方からA、B、Cの三方式が定められましたが、実質的には統治国の国家的領域の性格が強いものでした。

には、現地住民五万五七三人、日本人五万一八六一人と日本人の方が多くなり、アジア太平洋戦争が始まった一九四一年には、現地住民五万一〇八九人、日本人九万七二人、計一四万一二五九人にまで膨れ上がりました（表1）。そして、南洋群島では日本人人口の半数以上が、沖縄県出身者であったという特徴があったのです。

一九三〇年代のサイパン島ガラパンの町は、こんなふうににぎわっていました。

> この町には、役場、郵便局、公会堂、警察、裁判所といった公共施設はもとより、幼稚園から実業学校、高等女学校までの教育機関が整えられていた。思いつくままにあげるだけでも、八百屋、豆腐屋、電気屋、薬局、寿司屋、デパートなどの商店が建ち並び、銭湯もあれば葬儀社もある。映画館が二軒、新聞社も二社あって、さかんに競合し、通りを走る自動車の数は、一九三七年（昭和十二年）で百十三台にのぼった。さながら、内地の新開地そっくりそのまま移転させたような町並みが続いていたのである［野村　二〇〇五：一一二］。

このサイパン島の北ガラパン二丁目通りは、「ガラパン銀座」と呼ばれ、南洋群島最大の繁華街であったそうです。

このように南洋群島は、現地住民のほかに多くの日本人（朝鮮人、台湾人、樺太人を含む）が来て、複数の民族が集まったところでした。このようななか現地住民であるチャモロやカロリニアンの子どもたちに対してはどんな教育が行われていたのでしょうか。また、日本人の子どもたちはどんな学校へ行ったのでしょうか。そして朝鮮人や台湾

○コラム・1

家康と太平洋

「対外関係において、なにかというと武力をちらつかせた秀吉に比べて、家康は平和主義的で、最大限の譲歩をしても通商をすすめ、先進国から技術や知識を導入したいという気持ちを示していた。」

「一六〇九年九月に起こったガレオン船サン・フランシスコ号の遭難事件に対する対応は家康と秀吉の違いを浮き彫りにしている。幕府は冷静に対応し、家康父子からスペイン宰相あての書簡と贈品がソテロに託されている。（中略）こうして友好裡《ゆうこうり》にはじまった日本とスペインの関係も、キリスト教の問題がつまずきとなって破たんすることになった。家康の死後、日本は一六三九年を期に鎖国体制になり、太平洋への目も閉ざされてしまった。」［増田　二〇〇五：七八―八〇］

表1　南洋群島在住者人口

	総数	現地住民	日本人＊	うち朝鮮人	日本人中本籍地別上位3位			外国人
					第1位（%）	第2位（%）	第3位（%）	
1922	51,086	47,713	3,310	149	沖縄 702（21.2）	東京 693（20.9）	神奈川 120（3.6） 福岡 120（3.6）	63
1923	54,358	49,090	5,203	82	沖縄 2,391（46.0）	東京 797（15.3）	神奈川 109（2.1）	65
1924	55,186	49,576	5,550	93	沖縄 2,508（45.2）	東京 829（14.9）	福岡 141（2.5）	60
1925	56,294	48,798	7,430	98	沖縄 3,894（48.4）	東京 963（13.0）	神奈川 175（2.4）	66
1926	57,466	48,994	8,395	95	沖縄 4,351（51.8）	東京 979（11.7）	福岡 262（3.1）	77
1927	58,816	48,761	9,979	147	沖縄 5,132（51.4）	東京 1,105（11.1）	福岡 344（3.4）	76
1928	61,086	48,545	12,460	176	沖縄 6,615（53.1）	東京 1,632（13.1）	福岡 370（3.0）	81
1929	64,921	48,617	16,202	179	沖縄 8,289（51.2）	東京 1,815（11.2）	鹿児島 914（5.6）	102
1930	69,626	49,695	19,835	198	沖縄 10,176（51.3）	東京 2,190（11.0）	福島 985（5.0）	96
1931	73,027	50,038	22,889	225	沖縄 12,227（53.4）	東京 2,334（10.2）	福島 1,188（5.2）	100
1932	78,457	50,069	28,291	278	沖縄 15,942（56.4）	東京 2,713（9.6）	福島 1,357（4.8）	97
1933	82,252	49,935	32,214	313	沖縄 18,212（56.5）	東京 2,851（8.9）	福島 1,450（4.5）	103
1934	90,651	50,336	40,215	318	沖縄 22,736（56.5）	東京 3,494（8.7）	福島 1,610（4.0）	100
1935	102,537	50,573	51,861	546	沖縄 28,972（55.9）	東京 4,053（7.8）	福島 3,160（6.1）	103
1936	107,137	50,524	56,496	545	沖縄 31,380（55.5）	東京 4,310（7.6）	福島 3,425（6.1）	117
1937	113,277	50,849	62,305	579	沖縄 34,237（67.3）	東京 4,369（8.6）	福島 4,068（8.0）	123
1938	122,969	50,998	71,847	704	沖縄 41,201（57.3）	東京 4,710（9.2）	福島 3,795（7.4）	124
1939	129,103	51,725	77,254	1,968	沖縄 45,701（59.2）	東京 4,484（5.8）	福島 3,684（4.8）	124
1940	135,708	51,106	84,478	3,463	沖縄 49,772（58.9）	東京 4,554（5.4）	福島 3,699（4.4）	124
1941	141,259	51,089	90,072	5,824	沖縄 53,206（59.1）	東京 4,620（5.1）	福島 3,726（4.1）	98
1942	145,272	51,951	93,220	6,407	沖縄 54,854（53.8）	東京 4,931（5.3）	福島 3,497（3.8）	101
1943	148,972	52,197	96,670					105

（出典）『南洋群島統計年報』（1933）、『南洋庁統計年鑑』（1934-1941）、『南洋庁公報』、外務省アジア局第五課『日本統治の治積を示す南洋群島に関する統計』（1954）より筆者作成。
＊日本人には朝鮮人、台湾人、樺太人（1943年迄）を含む。空欄は統計なし。
［今泉　2011：.351］より引用

地図2　南洋群島［井上　二〇一五：六］

人などの子どもたちはどうしていたのでしょうか。

ここでは、主に南洋庁がおかれた時期を中心に、南洋群島で行われていた教育について考えてみたいと思います。小さい南の島々で当時の子どもたちは、どんな思いを持ちつつ、学校生活を送っていったのでしょうか。そこにはどんな教育の考え方があったのでしょうか。それらを知ることは、日本とミクロネシアとのつながりについて知ることであり、現在のミクロネシアへの関心を深めるきっかけにもなるのではないかと思います。

二　砂糖と移民の島・南洋群島

1　砂糖王（シュガー・キング）・松江春次

なぜ、南洋群島にはこれほど多くの日本人が移住してきたのでしょうか。それは、南洋群島の開拓の歴史と深く関わっています。

南洋群島の教育を考えるとき、南洋群島の開拓史を知ることは重要で、その背景にあるのが、「砂糖」と「移民」の話です。

まず、「砂糖」に関わる重要人物、松江春次《まつえはるじ》の話から始めます。

松江春次は、一八七二年一月一五日福島県会津若松で、父久平と母のぶの次男として生まれ、二四歳で上京するまで、会津で過ごしました。父久平は会津藩の武士だったが、松江が生まれたころは、わずかな田畑でやっと生計を立てているといった状態でした。松江は会津中学校卒業後、小学校の代用教員をやりながら、陸軍士官学校をめざして

写真4　松江春次（右上の円内）
写真5　南洋興発の工場〔能仲文夫『赤道を背にして』一九九〇年（復刻版）：二二〕

受験勉強に励んでいましたが、二度の受験はいずれも失敗に終りました。軍人の道を閉ざされた松江は、技術者になることを考え、一八九六年、二四歳で東京工業学校（現在の東京工業大学）応用化学科に入学しました。一八九九年、首席で卒業した松江は、大日本製糖株式会社に入社しましたが、農務省の海外事業練習生の派遣試験を受験したところ、見事合格し、一九〇三年アメリカのルイジアナ大学大学院砂糖研究科への入学を果たしました。猛勉強の末、三年後マスター・オブ・サイエンス（Master of Science）の称号を得て、フィラデルフィアにある製糖会社に入社しました。その後、アメリカやヨーロッパの製糖業を視察して、一九〇七年、五年間の海外遊学を終えて帰国しました。この海外での経験は、松江の視野を国内から海外へと広げたといわれています。

帰国後、大日本製糖株式会社をはじめ四つの製糖会社を渡り歩き、多くの企業家との人脈をつくり、また、会社経営の現場を学びつつ、実業家としての手腕を磨いていきました。

第一次世界大戦が始まると、空前の軍需景気がおこり、一攫千金《いっかくせんきん》をねらって多くの会社が南洋群島に進出してきました。しかし、これらの会社は十分な調査を行わず、ずさんな経営を続けたために、相次いで倒産していきました。製糖業をおこした西村拓《たく》殖《しょく》株式会社や南洋拓殖株式会社という会社もそのなかにあり、両方の会社の社員、小作人らを合わせて一〇〇〇人以上が飢餓《きが》線上をさまようという有様でした。この惨状《さんじょう》を目にし、サイパンの製糖事業を復興させたのが、松江春次でした。松江は、南洋群島への進出をめざして数次の実地調査を重ね、将来性への確信のもと、人脈をいかし

○コラム・2

松江春次、郷里の学校へ寄付

昭和十三年一〇月三〇日付けの『新会津新聞』に「松江氏三十万円寄付」「機械科明春四月愈々《いよいよ》実現、第一回生徒・定員五十名」との記事がみられます。松江春次は郷里の会津工業学校に機械科を増設する計画を聞き、「それは誠に結構な企てである。（中略）機械技師の不足は世界的であるばかりでなく将来無限に需要性がある。…今我国に絶対要求下にある機械技術者を養成する学校が而《しか》も自分の郷里若松に出来るということは双手《もろて》を上げて祝福し、支持せねばならない」といって、即座に寄付をしたということです。現在ある福島県立会津工業高等学校機械科はこのようにして誕生しました［創立一一〇周年記念誌事業実行委員会　二〇一二：九六―九七］。この高校には松江春次の胸像が建てられ、こうした歴史を伝えています。

て資金調達に奔走しました。

そして、一九二一年一一月、松江は資本金三〇〇万円で、南洋興発《なんようこうはつ》株式会社（以下、南洋興発と略します）を設立しました。南洋興発は民間会社ですが、資金的に国策会社の支援を得ており、極めて政府色の強い会社でした。この南洋興発も初期は苦しい経営が続きましたが、徐々に業績をあげ、一九三〇年代なかばには、一大独占企業へと成長していったのです。やがて南洋興発は、南満洲鉄道と並んで、「北の満鉄、南の南興」と呼ばれるようになります。のちに松江春次は南洋の砂糖王（シュガー・キング）と称されるようになり、現在もサイパン島の公園には、松江の銅像が立っています。

2　サイパン製糖工場

松江春次は、会社創設にあたり、能力的にみて現地住民であるチャモロとカロリニアンは、能率を重んじる近代の産業には使用できないとして、最初から雇用するつもりはありませんでした。そのため、さとうきび＊栽培の労働者として、沖縄県から大量の移民を採用することを決めたのです。

松江が沖縄県出身者に注目したのは、亜熱帯気候のなかで育ち、さとうきび栽培にも慣れていたためでした。また沖縄では、早くから移民がさかんだったことも有利だと考えました。実際、一九二〇年代後半、沖縄では長引く不況により糖価が暴落し、「蘇鉄《そてつ》地獄」と呼ばれる経済的困窮が続いていました。食べるものがなく、有毒成分をもつ蘇鉄を十分に調理することなく食べてしまい、中毒死する者が多く出た状況をこう呼んだのです。こうした苦境から脱出するために、沖縄県から多くの人が移民とし

＊さとうきび
別名は甘蔗（かんしゃ、かんしょ）。テンサイと並んで、砂糖の原料となる農作物です。世界各地の熱帯・亜熱帯地域で栽培されます。日本では、主に沖縄県、奄美群島を中心に栽培されています。

て海を渡りました。南洋興発では、移住費用のない者には、渡航費や初年度の生活費の貸付も行い、移民の募集を行いました。

西村拓殖株式会社と南洋拓殖株式会社によって放置された一〇〇〇人のほかに、二〇〇〇人の沖縄県出身者を入れて、計三〇〇〇人の労働力を確保する計画を立てました。さらに土地の開墾《かいこん》、ドイツ製の最新式製糖機の設置、鉄道の敷設と万全の準備をして、一九二三年サイパン製糖工場が完成したのです。

しかし、その後、さとうきびの赤腐病《せきふ》（甘蔗《かんしょ》の茎が赤くなって腐る病気）の原因となるオサゾウムシ（甘蔗の害虫）とネズミの被害を受け、初年度、次年度ともに目標をはるかに下回る収益となり、事業としてはまったく成り立ちませんでした。松江は新たな害虫駆《く》除《じょ》と新品種の植え付けを考えねばならなくなったうえ、さらに、一九二三年九月には関東大震災に見舞われ、被害に遭い、ついに資金も底をつきかけました。それでも松江は、なんとか懸命に持ちこたえ、一九二五年には飛躍的な成果を上げることができました。その後は順調に業績を伸ばし、やがてテニアン島にも製糖工場を建設し、さらに酒造、水産業、鉱業、でんぷん製造にも手をひろげ、一九三〇年代なかばには、南洋群島の全人口の約半分が、南洋興発の各種事業に従事する社員、小作人とその家族で占めるようになったのです。

南洋群島における日本人人口に占める出身県別割合をみると（表2）、沖縄県の割合がほぼ五割から六割ほどに達し、圧倒的に多いことがわかります。次いで、東京都、福島県と続きます。東京都は、沖縄と気候が似ている八丈島、小笠原諸島出身者が中心であり、また、福島県が多いのは、松江春次の出身地との関係です。一九三四年会津市が不況

写真6　松江春次の銅像の除幕式（一九三四年八月七日）〔能仲文夫『赤道を背にして』一九九〇年（復刻版）：二二〕

表2　沖縄出身者の居住地分布　（支庁別、人、％）

	沖縄出身者数（「日本人」に占める比率：％）	沖縄出身者の居住地分布（％）					
		サイパン	パラオ	ポナペ	ヤップ	トラック	ヤルート
1922	702（22）	94.4	1.4	—	0.1	4	—
1924	2,508（46）	94.6	2.9	0.2	0.2	2.1	—
1926	4,351（52）	92.5	5	0.6	0.2	1.6	0.1
1928	6,615（54）	93.3	4.6	0.8	0.2	1	0.1
1930	16,176（52）	91.8	4	1.1	0.2	2.8	0.2
1932	15,942（57）	85.3	7.4	2.9	0.2	3.1	1
1934	22,736（57）	81.6	9.9	3.1	0.7	4.4	0.3
1936	3,1380（56）	78.6	12.6	3.4	0.4	4.8	0.3
1937	34,237（55）	75.3	14	3.3	0.4	6.8	0.1
1938	41,201（58）	68.8	19.8	4.2	1.4	5.7	0.2
1939	45,701（61）	61.6	23.9	6.9	1.6	6.9	0.2

（出典）南洋庁『南洋庁統計年鑑』（2回、7回、9回）［森　2013：324、一部改め］

のとき、職業紹介所は南洋への移民を大募集し、五〇七家族八〇〇余名を福島から送り出したといわれています［創立一一〇周年記念誌事業実行委員会　二〇一二：九四］。

南洋興発は、会社立の学校も作りました。一九三四年にサイパン、テニアン、ロタ各事業地の青少年従業員教育のために製糖所附属補習学校を設置しました。そのなかで、テニアン補習学校に全日制三年制の専習科を設けて、一九三八年に附属専習学校*を設立しました。ここでは会社の中間幹部養成をめざして、中等教育レベルの内容を行いました。

3　沖縄県出身者への差別

それでは南洋群島の開拓史に関わる、もう一つの背景である「移民」について、次にみていきましょう。南洋群島での「移民」については、沖縄出身者の動向が重要となります。

製糖業やその他の産業の発展につれて、南洋群島での日本人人口は、一九三五年には現

*南洋興発附属専習学校（テニアン島）

この学校は、全日制三年課程の中間幹部候補の中堅技術社員養成機関であり、甲種実業学校程度としましたが、教育内容は工業、農業の専門学校と同程度の高度なものでした。入学者は、各製糖所補習学校や高等小学校の卒業生のなかから選抜されました。全寮制で、学費から衣食住のすべてを会社が負担してくれました。一九三八年四月から開校し、一九四四年四月の第七期生まで、七年間に在校生卒業生あわせて一四八人の生徒を教育しました。「南興精神綱領」に基づく教育方針を掲げ、南進の担い手たるべき開拓精神と知識・教養をもち、心身を鍛錬《たんれん》することを目的としたものでした。［専習会一九九〇：一六―一九、三〇］

地住民人口を超え、一九四三年には現地住民人口の一・八倍にまで膨れ上がりました（表1）。前にも述べましたように、日本人人口の約半分は沖縄県出身者で占められていましたが、特にサイパン島、テニアン島に集中し、製糖業に従事していました。両島を管《かん》轄《かつ》するサイパン支庁では、日本人移民のうち沖縄県出身者の占める割合は、一九二二年は二二％であったのが、一〇年後一九三二年には五七％にまで達していました（表2）。そのほかパラオ諸島、ポナペ島などでは、鰹節《かつおぶし》製造業に沖縄県からの漁民が従事していました。

このように南洋群島の沖縄県出身者は、人口では多数派であっても南洋群島社会には、「一等国民：内地人、二等国民：沖縄人／朝鮮人、三等国民：島民**」という暗黙の序列があったといわれています。それは、沖縄県出身者には下層民が多く、沖縄独自の言語や風俗習慣に対する蔑視、偏見によるものでした。そのため内地出身者や現地住民からも軽蔑の視線が向けられたといわれています〔沖縄県文化振興会公文書管理部史料編集室 二〇一一：三五二〕。

また、南洋興発では沖縄県出身者に対し、収穫したさとうきびの重さを正確に測らず不正な計量を行ったり、待遇面でも賃金を他府県民より低くしたりしたため、沖縄県の者は不満を募らせていきました。一九三〇年代半ばそれがついに噴き出し、サイパン島では賃金や労働条件をめぐり、ストライキを起こしました。これに対し、南洋興発は一定の譲歩を示しましたが、移民の募集先を沖縄県以外から受け入れる方針を決め、また、南洋庁も集会、結社や情報伝達を取り締まる法令を作りました。

沖縄県出身者にとって決して十分に改善されたとはいえない状況でしたが、それで

＊＊「島民」という語句
南洋庁は現地住民に国籍を与えず、公的な名称を「島民」としました。そのため「島民」という呼称には、「未開な民族」といったニュアンスがあり、蔑称とされています。本文中では「現地住民」という語句で表現しています。

も、沖縄県の者にとっては南洋群島での生活は、沖縄よりはるかに良いと思われました。沖縄県出身者同士*が県人会から村単位まで、同郷者同士のつながりをつくり、助け合いながら、南洋群島社会に定着していきました。

4　移民体験者の声

それでは次に南洋群島に渡った移民の人たちの声をきいてみましょう。沖縄県の『具《ぐ》志川市《しかわし》史』〔具志川市教育委員会　二〇〇二：二六〇―二九四〕に載っている、南洋群島での移民体験者の証言です。

・川野栄昌《えいしょう》さん（一九二六年生、沖縄・具志川出身、サイパン島→テニアン島へ移住）

「昭和七年（一九三二）、親父に呼ばれて母と妹の光子と三名で南洋に行った。（中略）（昭和十六年）四月にはサイパン実業学校に入り、昭和十八年十二月に繰り上げ卒業した。（中略）サイパン実業学校を卒業して、昭和十九年一月に南洋興発に就職した。正式にはテニアン製糖工場農務課勤務だった。それまでは半年ぐらい研修をやってから仕事に就いたけど、僕らからは研修がなくなって、いきなり現場にいかされた。昭和十四、五年ごろから、一挙に朝鮮から労働者を呼び寄せて、サトウキビ作りをさせていた。

私はチューロで朝鮮人の班長だった。班長も同じようにサトウキビの手入れをするが、刈り取りの場合はその現場にいて、一人ずつ刈りとったサトウキビの束を記録していた。それを会社の事務所で集計して月末にお金を払う制度になって

*沖縄県出身者の差別

南洋群島の日本人移民のうち沖縄県出身者がいちばん多かったのですが、他府県人から「島民以下だ」と言われたり、「オイ沖縄」とよびつけられるなど差別的な扱いを受けました。それは、標準語を話せず、「強い泡盛《あわもり》（酒）をあおり、三線（蛇味線）をかきならして裸同然の姿で歌い、踊る」とされるなど、文化的背景に基づく偏見からくるものでした。沖縄の子どもは、学校では内地の子どもと標準語で話し、家では親同士は沖縄方言を使いましたが、子どもとはできるだけ標準語で話したといわれています。

いた。朝鮮人労働者もほとんどサトウキビ作りだが、昭和十九年二月からカーヒ（地名）の飛行場造りが始まった（以下略）」［二六〇—二六一］。

・平良　栄さん（一九一九年生、沖縄・天願《てんがん》出身、豊さんの夫、ポナペ島へ移住）

「南洋へ行ったのは数え二十歳のときで、結婚もしていましたが、私一人でいきました。最初は南洋興発株式会社の人夫として契約して、クサイ島に行きました。雑務ですが、新開地だから畑をやったり排水掘りもやりました。わしらはこの排水を掘っている途中で、会社の都合によりポナペに行かされました。ポナペのマタラニーム（地名）で興発会社のサトウキビ作りをしました。酒精工場でサトウキビからアルコールを造っていたんです（以下略）」［二九二］。

・平良　豊さん（一九二二年生、沖縄・天願出身、栄さんの妻、夫とともにポナペ島へ移住）

「…食べ物は島民が持ってくるし、供出《きょうしゅつ》（上からの求めに応じてものを差し出すこと）もないですから、不自由はしなかったです。鰹節《かつおぶし》はコロニヤ（地名）の製造場あたりから買いにきていました。うちの近くに名護出身の鰹節製造業をやっている方がいて、そこにいったら鰹はただでもらえるぐらいありました。私たちは自作ですから、ピーナツや陸稲《りくとう》を作って、自分で味噌も造って島民や邦人の友だちにも分けていました。豚も島民が安くしてくれるし、山でつぶしたら（屠殺《とさつ》してさばいたら）うちにも持ってきました（以下略）」［二九三—二九四］。

同じ南洋興発でも、テニアン島とポナペ島では、仕事内容に違いがあることがわかります。また、一九四〇年ころテニアン島では、朝鮮人が多くなり、飛行場造りにも関わっていたこと、ポナペ島では現地住民とのかなり親しい交わりがあったことなど、当時の移民の人たちの暮らしぶりが感じられます。

最後に、山形県出身の菅野静子《すがのしずこ》さん（一九二七年生、生後9か月で移住）が、両親、兄、姉とともにテニアン島に入植し、その後小学校に入学したときの様子をみてみましょう。

「昭和七年四月一日。四月一日生まれであるわたしは、いなかの駐在所のてちがいで、一年早く小学校へはいることになった。そのころ、三農場のカーヒというところに小学校ができた。わたしの入学は突然のことで、なんの用意もされていなかった。母は自分の着物をほどいて、わたしが入学式に着ていく着物を作ってくれた。（中略）まだ、道らしい道もなく、雨がふると、ムカデが出てきてさされることもあった。またハチがいたるところに巣を作っていて、顔じゅうさされて泣きながら学校につくこともあった。カーヒ小学校は草ほうぼうの中にあった。テントが三つ張ってあるだけで、一年と二年、三年と四年、五年と六年の三組にわかれていて、喜多《きた》鉄三郎校長と辻野《つじの》夫妻が、それぞれ生徒をうけもって教えていた」［菅野　二〇一三：三五―三六］。

日本人移民の子どもたちのために学校が作られました。静子さんたち日本人の子どもたちも内地（日本本土）と同じように、小学校に通うことができたのです。

５　漫画「冒険ダン吉」と歌謡曲「酋長の娘」

さて、このように多くの日本人が渡った南洋群島ですが、実際日本では、南洋群島とはどのようなイメージで考えられていたのでしょうか。特に子どもたちに影響を与えたものは何だったのでしょう。

一九三〇年代当時、日本の子どもたちが愛読した雑誌に、講談社から発行された『少年倶楽部』という少年雑誌がありました。この雑誌に、島田啓三による「冒険ダン吉」という漫画が掲載されました。とても人気がある漫画で、一九三三年六月から一九三九年七月までの六年間、付録を含めて計七六回掲載が続きました。

主役の少年ダン吉はある日、相棒の黒ネズミのカリ公と釣り船で昼寝をしているうちに、船が流されてしまい、人食い人種の「蛮公」がいる南方の島にたどり着きます。ダン吉とカリ公は文明国の知恵を使って、外からくる敵と戦い勝利をおさめ、「蛮公」の「酋長」をひれ伏させて、島の王様となり島を発展させた、という話です。

このなかで主人公のダン吉だけが肌の色が白く、時計を腕にはめ、文明を身につけた優位に立つ人物として活躍します。登場する「蛮公」は腰蓑《こしみの》だけをつけた裸体で、胸には白い番号がつけられています。「蛮公」たちは「野蛮、無知な土人」として描かれ、王様ダン吉に支配され、教育されるという設定です。この漫画には、南方の文化を日本に比べ一段低いものとする考え方がみられ、当時の日本の子どもたちに「土人」「黒ん坊」のイメージを強く定着させたといわれています［井上　二〇一五：四五］。そして、

写真７　「冒険ダン吉」の漫画（二〇一四年撮影）

実際の南洋群島における日本の統治とも重なり、日本の支配が南洋群島の島々に「文明」をもたらすものと考えられました。

また、一九三〇年ころ流行した「酋長の娘」という歌謡曲があります。この歌詞にも、日本人の南方の文化に対する偏見が色濃くにじんでいます。次のような歌です。

酋長の娘　　　　　　作詞・作曲　石田一松

わたしのラバさん　酋長の娘　色は黒いが　南洋じゃ美人
赤道直下　マーシャル諸島　ヤシの木陰《こかげ》で　テクテク踊る
踊れ踊れ　どぶろくのんで　明日は嬉しい　首の祭り
踊れ踊れ　踊らぬものに　誰がお嫁に　行くものか
昨日浜で見た　酋長の娘　今日はバナナの　木陰で眠る

この歌詞には「酋長」とか、首切り人種を連想する「首の祭り」などの差別的な表現が含まれ、南方の文化を未開で遅れたものとしてとらえる意識が感じられます。

こうしたイメージを根底にもちつつ、現地住民であるチャモロやカロリニアンの子どもたちを「文明人」にするため、教育が必要だと考えられました。学校をつくり、日本語で教科書が編さんされ、教員も日本から派遣されるようになり、南洋群島での教育制度が整えられていくようになったのです。もちろん、南洋群島にいる日本人の子どもたちに対する教育も行われました。

次の章ではこうした教育制度のもと、どのような教育が行われていたか、その内容についてみていきます。

三　二つの教育体系——現地児童と日本人児童のための教育

1　南洋庁設置以前（一九一四年から一九二二年）——軍政時代の教育

前にも書きましたように、一九一四年に日本は赤道以北のドイツ領を占領しました。このとき臨時《りんじ》南洋群島《なんようぐんとう》防備隊《ぼうびたい》という軍隊をおき、南洋群島で軍政（軍隊による政治）を始めました。南洋群島の現地住民には、スペイン人との混血であるチャモロとそれ以外のカロリニアンがいて、独自の文化、習俗をもって暮らしていました。軍政でまず力を入れたのが教育でした。一九一五年に「南洋群島小学校規則」をつくり、教育制度が整えられていきました。この小学校は四年制で、満八歳から一二歳の子どもたちが入学することとしました。しかし、最初はなかなか準備が間に合わず、防備隊所在地に六つの学校と一、二の分校があるにすぎませんでした。教員も足りず専門の先生は校長のみで、防備隊兵員が臨時教員を務めていました。授業は日本語の学習が中心に進められました。この地域を統治するには、前の支配者が使ったドイツ語ではなく、日本語による教育が必要と考えられたからです。当初は、日本人児童と現地児童は一緒に教育を受け、教室も同じでした。

一九一八年になると、新たに「南洋群島島民学校規則」がつくられ、小学校は島民学校と名称が変わりました。島民学校は三年制となり、そのうえにさらに二年以内の補習科を作ることができるようになりました。学校数もふえ一〇校の島民学校と八校の分校が建てられました。このときの教育は、現地児童を日本人化することにあるとされ、天皇を崇拝《すうはい》する教育に力が入れられました。翌年日本人児童のための尋常《じんじょう》小学校がつくられ、日本人児童と現地児童は別々の教育が行われるようになりました。

2　南洋庁設置以後（一九二二年から一九四五年）——委任統治による教育

さて、第一次世界大戦後の一九一九年、日本は国際連盟から南洋群島を委任統治することが正式に認められ、これにより防備隊は徐々に引き揚げられていきました。そして一九二二年四月、日本はパラオ諸島のコロール島に統治機関《とうちきかん》の南洋庁をおき、サイパン、パラオ、ヤップ、トラック、ポナペ、ヤルートの各島に六つの支庁を設けて南洋群島の統治に関わる行政を進めていきました。

このような政治的な変化のなか、チャモロやカロリニアンの現地の子どもたちに対する教育はどのように変わったのでしょうか。委任統治により南洋庁がおかれた時期の教育を中心に、これから少し詳しくみていきたいと思います。

南洋庁ができると、現地児童の教育について「南洋庁公学校規則」（一九二二年）が定められました。これにより、「国語を常用《じょうよう》しない」つまり日本語をいつも使わない、満八歳以上の子ども（実際は成人も許可されました）に対して、三年制の本科と二年制の補習科がある公学校が設置されました。補習科は各支庁所在地六校につくられました。軍政時代の島民学校が今度は公学校という名称に変わったのです。公学校の教育の目的は、

写真8　南洋庁正門〔南洋庁『南洋群島写真帖』一九三二年〕

「身体の発育に留意して徳育を施し、生活の向上改善に必須なる普通の知識技能を授ける」ことにありました。軍政のとき島民学校で強調された、天皇を崇拝《すうはい》することは教育の目的のなかに入っていませんでした。それは、現地住民の思想・信教の自由を保障するよう義務づけた委任統治の精神が反映していたためといえます。しかし、後で述べる聞き取りの話のなかでもでてくるように、実際には天皇を崇拝する教育は続けられていたのです。

公学校では月曜から土曜まで授業があり、週の授業時数二四時間のうち国語（つまり日本語）に一二時間があてられ、算術が四時間、唱歌・体操が三時間、修身、図画、手工、農業、家事はそれぞれ一時間とし、日本語中心の授業でしたが、技能教育にも力を入れていました。教科書は公学校用の『南洋群島国語読本《どくほん》』が使われました。そのほかの教科書はなく、この『南洋群島国語読本』のなかにすべての教科内容が盛り込まれていました。

公学校補習科を卒業すると、現地住民の子どもたちが進める中等レベルの普通教育の機関はありませんでした。現地児童に対して公学校補習科より上の教育機関は、群島内に唯一設置された、木工徒弟養成所《もっこうとていようせいじょ》（一九二六年設立）という大工職人の養成学校だけでした。この学校はパラオのコロール公学校に付設され、各支庁内の公学校補習科卒業生のなかから選抜された少数のものが、木工建築について二年間学ぶところでした（研究生として一年以内の在学延長は認められていました）。

公学校は、一九三九年四月現在で二六校、児童数は三四四七人、教員数は九二人（日本人と現地住民合わせて）となっていました。

写真9　サイパン島ガラパン通りの一部（南洋庁『南洋群島写真帖』一九三二年）

（1939 年 4 月末現在）

児童数								
本科			補習科			総数		
男子	女子	計	男子	女子	計	男子	女子	計
115	110	225	72	47	119	187	157	344
35	31	66	—	—	—	35	31	66
37	28	65	64	40	104	101	68	169
26	19	45	—	—	—	26	19	45
74	27	101	—	—	—	74	27	101
52	67	119	104	42	166	156	129	285
37	43	80	—	—	—	37	43	80
56	54	110	—	—	—	56	54	110
36	24	60	—	—	—	36	24	60
22	18	40	—	—	—	22	18	40
86	34	120	85	35	120	171	69	240
91	45	136	—	—	—	91	45	136
37	30	67	—	—	—	37	30	67
85	76	161	—	—	—	85	76	161
29	28	57	—	—	—	29	28	57
60	30	90	—	—	—	60	30	90
61	28	89	—	—	—	61	28	89
110	67	177	86	27	113	196	94	290
42	44	86	—	—	—	42	44	86
42	32	74	—	—	—	42	32	74
52	38	90	—	—	—	52	38	90
45	51	96	—	—	—	45	51	96
141	107	248	89	55	144	230	162	392
82	64	146	—	—	—	82	64	146
35	38	73	—	—	—	35	38	73
36	24	60	—	—	—	36	24	60
1,524	1,157	2,681	500	266	766	2,024	1,423	3,447

表 3　公学校　教員数・学級数・児童数

	支庁名	学校名	教員数			学級数		
			日本人	現地住民	計	本科	補習科	計
1	サイパン	サイパン＊	7	2	9	5	2	7
2		ロタ	1	1	2	1	—	1
3	ヤップ	ヤップ＊	5	1	6	2	2	4
4		ニフ	1	1	2	1	—	1
5		マキ	3	1	4	3	—	3
6	パラオ	コロール＊	7	1	8	3	2	5
7		マルキヨク	2	1	3	2	—	2
8		ガラルド	2	1	3	2	—	2
9		ベリリュウ	2	1	3	2	—	2
10		アンガウル	2	1	3	1	—	1
11	トラック	夏島＊	4	1	5	2	2	4
12		春島	2	1	3	2	—	2
13		冬島	1	1	2	1	—	1
14		水曜島	2	1	3	2	—	2
15		月曜島	1	1	2	1	—	1
16		モートロック	1	1	2	1	—	1
17		秋島	1	1	2	1	—	1
18	ポナペ	コロニー＊	5	1	6	3	2	5
19		ウー	2	—	2	2	—	2
20		マタラニーム	2	1	3	2	—	2
21		キチー	2	1	3	2	—	2
22		クサイ	2	1	3	2	—	2
23	ヤルート	ジャポール＊	5	1	6	3	2	3
24		ウオツヂェ	2	1	3	2	—	2
25		クワゼリン	1	1	2	1	—	1
26		エボン	1	1	2	1	—	1
合計			66	26	92	50	12	62

出典：南洋庁内部務企画課『南洋庁統計年鑑　昭和十四年』昭和十六年
注：補習科の併設校には＊を付した。
　　1943 年の『南洋庁職員録』には、ガラスマオ公学校（パラオ）、ナモ公学校（ヤルート）が追加されている。

3　現地児童の教育

①　公学校の教科書、『南洋群島国語読本』

『南洋群島国語読本』は、第一次（一九一七年から一八年、編修者：トラック小学校長・杉田《すぎた》次平《じへい》）、第二次（一九二五年から二七年、編修者：芦田恵之助《あしだえのすけ》・文部省図書編集官）、第三次（一九三二年から三三年、編修者：岩崎俊晴《いわさきとしはる》・マルキョク公学校長）、第四次（一九三七年、編修者：梅津隼人《うめづはやと》・元和歌山県立中学校長）と四人の編修者により四回編さんされ、＊本科・補習科あわせて計二九冊の教科書がつくられました（このうちまだ三冊は発見されておらず、現存しているのは二六冊だけです）。また、第四次のものは、『公学校本科国語読本』『公学校補習科国語読本』という名称で出されましたが、ここではすべてを総称して『南洋群島国語読本』と呼ぶことにします。

例えば、第二次『南洋群島国語読本』の目次は次のようなものでした（表4）。表記する文字もカタカナからひらがなを習い、徐々に漢字も増えていくことがわかります。この教科書の編修者である芦田恵之助は口語（話しことば）を重視し、発音どおりに表記する方法を用いました。内容は、日本語の読み方話し方から始まり、子どもの日常生活のことから、動物、植物などの理科や地理の内容、それに日本の歴史、地理、人物の話などいろいろな話題が取りあげられていて、国語だけでなく、まさに総合的な内容の教科書となっていました。

ここで第二次『南洋群島国語読本』本科巻三にある「東京驛」の課をみてみましょう。

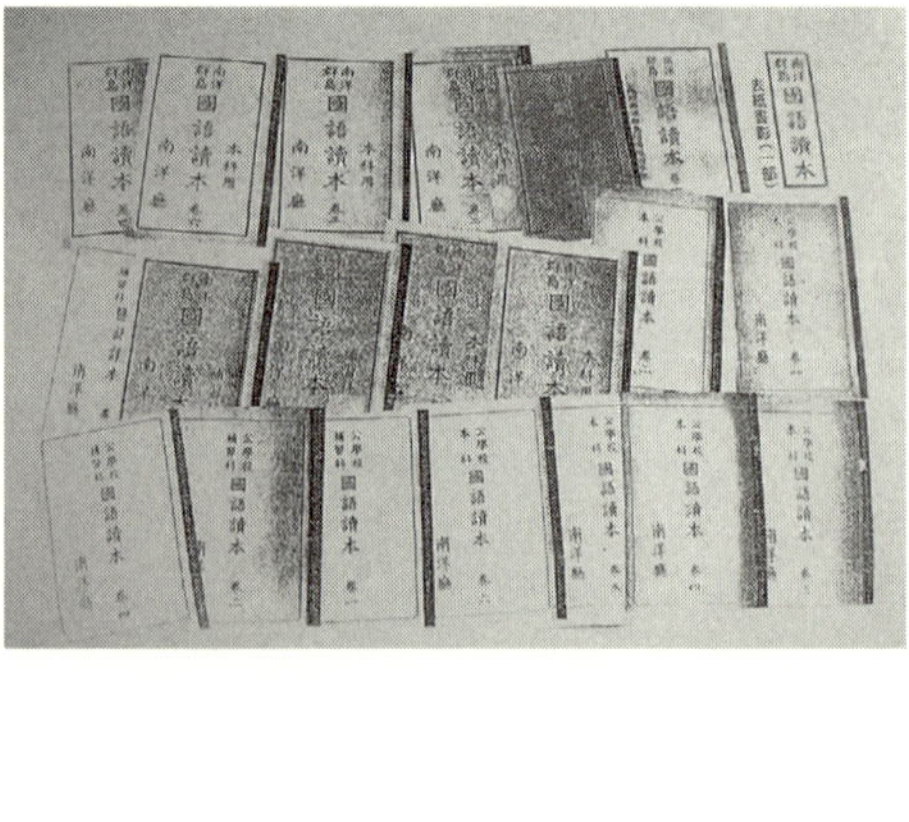

写真10　『南洋群島国語読本』の表紙〔宮脇弘幸監修『南洋群島国語読本』第一巻、二〇〇六年〕

＊第五次の編さん
『南洋群島国語読本』は、その後五回目の編さんが計画されていましたが、結局実現されませんでした。第五次の編修者は、作家の中島敦でした。

二十八　東京驛

東京驛《えき》　わ　宮城《きゅうじょう》　の　東　に　あります。　赤れんが　の　三階建《がいだて》　で、　間《ま》口《ぐち》　が　百八十四間《けん》　も　あります。　むかって　右　が　乗車口《じょうしゃぐち》、　左　が　降《こう》車口《しゃぐち》　で、まん中　が　帝室用《ていしつよう》　に　なって　います。

乗車口《じょうしゃぐち》　から　わ　たえず　多く　の　人　が　すいこまれて　いきます。降車口《こうしゃぐち》　から　わ　多くの　人　が　いつも　はき出されて　來ます。すいこまれる　人　わ、たいてい　地方　え　行く人　で、はきだされる　人　わ、　たいてい　地方から　來た　人　です。

切符《きっぷ》　の　うりば　でわ、いつも　切符《きっぷ》　を　賣って　います。　手荷物《てにもつ》　をあずかる　ところ　でわ、　じゅんぐりに　手荷物《てにもつ》　を　あずかって　います。改札口《かいさつぐち》　にわ　乗客《じょうきゃく》　が　長いれつ　を　つくって、　改札《かいさつ》　を　まって　います。　待合室《まちあいしつ》　にわ　發車時間《はっしゃじかん》　を　まちあわせる　人　が　あふれて　います（以下略）。

芦田は、『南洋群島国語読本教授書』という教員が教えるときの手引書のなかで、「東京の繁華《はんか》をあらはすのに、東京駅をとった」といっています。駅での人の流れについて、「実際駅前の広場にたって、しばらくあたりの様子をながめていると、まったく乗車口からは人がすいこまれ、降車口からは人がはき出されるとしか思われません」と書いてあります。

南洋群島の生活とはまったく違う都会の駅の様子です。電車というものや電車が発

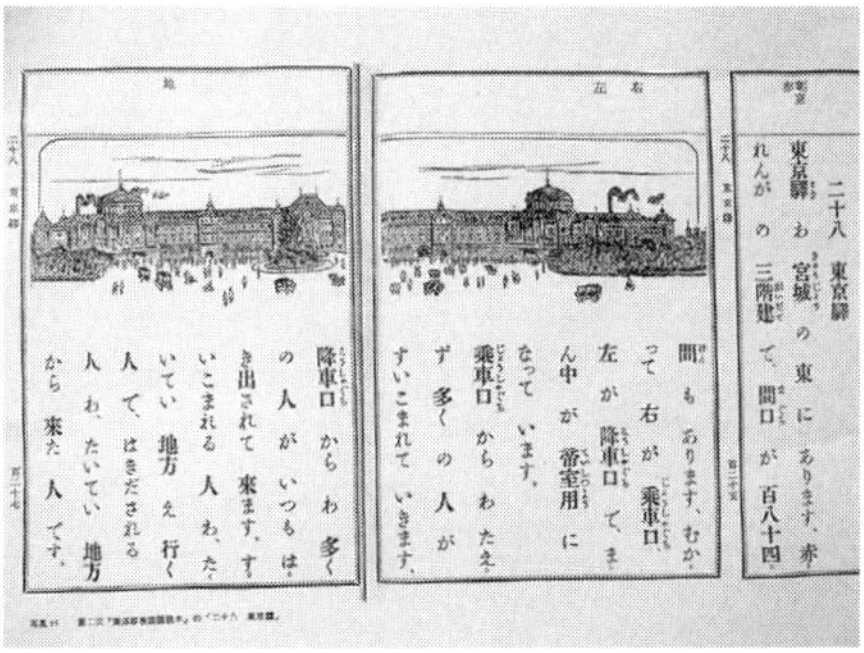
二十八　東京驛
東京驛　わ　宮城　の　東　に　あります、赤れんが　の　三階建　て、　間口　が　百八十四間　も　あります、むかって　右　が　乗車口、　左　が　降車口　て、まん中　が　帝室用　に　なって　います。
乗車口　から　わ　たえず　多く　の　人　が　すいこまれて　いきます、
降車口　から　わ　多く　の　人　が　いつも　はき出されて　來ます、すいこまれる　人　わ、たいてい　地方　え　行く　人　て、　はきだされる　人　わ、　たいてい　地方　から　來た　人　です、

写真11　第二次『南洋群島国語読本』（「東京驛」）

本科巻三	補習科巻一	補習科巻二
大正 14 年（1925）	昭和 2 年（1927）	昭和 2 年（1927）
朝会	世界	級會
日本	地球わまるい	級長選挙
鏡ト玉ト剣	國旗	犬の子
太郎ノ日記	新月	大発明
ジシャク	フカ	たしかな紹介
弟ノ體操	孝子甚介	流し網
ベニスズメ	綴方	日本ノ國境
ハタラクモノ	皇太神宮	朝鮮
仁徳天皇	おとたちばなひめ	綴方
なみ	五人の子供	手拭
美しい心	貨幣	流行病
雨	肖像	貯金
南洋群島	塙保己一	えらくなるにわ
日本との交通	図書館	信念
だれにおれいをいったらよいでしょう	雨の繪	殉難
奈良	四季	童謡三つ
ヤギ	ウラスカ	揚子江
フン水	東京ト大阪	満洲
かしこい子供	東京ノ震災	元寇
指	私の先生	楠木正成
鹽と砂糖	源平	猿の仲なおり
たんじょう日	瀬戸内海	ウツボカズラ
は	ヤカントテツビン	懺悔
あつめる楽しみ	星	小さなねじ
紀元節	グレースダーリング	徳川家光
通信	横濱より	濱田彌兵衛
手紙	呉鳳	不思議
東京駅	ゴム	鼻のみじかい豚
瓶ト罐	象	自由になった頃の黒人
天の川	猿	教育がうけたさに
	愛の力	小使室
	七里和尚	苦心
	胃トカラダ	太陽
	牛	明治神宮
	たこ	母
	危険	丁汝昌
	責任	台湾を見た人の話
	一心	雉と蟻
	リンカーン	捕鯨
	農夫と辯護士	潜水
	珊瑚礁	乃木大将
	アメリカから	凡と非凡
	奴隷	樺太
	迷信	空に迷う
	眞の人	皇太子殿下の海外御巡遊
		卒業
		白銀堂

表4　第二次『南洋群島国語読本』の目次　編修者：芦田恵之助

本科巻一・前半（課名なし）	本科巻一・後半	本科巻二
大正 14（1925）	大正 14（1925）	大正 14 年（1925）
五十音図	ウミ	ニュウガクシキ
ハナ、ハナ、	トケイ	ワタクシノツクエニ
アカイハナ	キレイナトンボ	ナミコサントーショニ
ウミ、ナミ、	ナミ	ヒヨコ
カミ、スミ、スズリ	エンソク	オヒサマノハシ
イヌ、イヌ、コイヌ	コトトモノ	メタル
ウシ、オヤウシ、コウシ	ニジ	ウラシマタロウ
イシ、カミ、ハサミ	ハコノナカ	ナカヨシノシマコサン
ホン、アナタノホン	ユウガタ	アメ
ケイコノカネ　カンカンカン	ワカラナイコト	トミ
オハヨウ、コンニチワ	カヤ	アリノアナ
ヘイタイサン　ボウシ　クツ	フネ	ユビノナ
ケン　テッポウ　ラッパ	シャボンダマ	カトハエ
ベニスズメ　ハチノミツスイニ	マリナゲ	ダイジナコトバ
テトテヲツナイデマンマルク	ウンドウカイ	ニジ
ヒノデ、ヒノイリ	ドウブツエン	ミギトヒダリ
アタマ、カオ、マユ	メンドリトヒヨコ	ハゴロモ
キモノ、ソデ、エリ	タイソウゴッコ	山ビコ
ナワチガッテ、シゴトノオナジモノ	コネコ	土
ナワオナジデ、シゴトノチガウモノ	コウシ	ポチガシニマシタ
クニグニノハタ　ヒノマルノハタ	ヒコウキ	コトリトコドモ
コネズミ　コネズミ	オニンギョウ	イロハガルタ
コロコロコロゲテ	ツユノタマ	ヨクハタラク人
ソラガクモッテキマシタ	アカンボ	キュウジョウ
ザシキノソウジ	トシノクレトトシノハジメ	皇太子殿下ノ御成婚
ツクエノウエニランプガアリマス	マクラ	キマリ
ブタノコ　オヤコノチチヲノンデ	ブタノコ	セッシュウ
ヒヨコ　ピヨピヨナイテ	ツクエノソウジ	トビウオ
	アリガタイ	オウギノマト
	モモタロウ	水ノ中ノタマ

着する駅というもの、そこに多くの人があつまり混雑している様子など、見たこともない風景を現地の子どもたちはどう想像したのでしょうか。教科書を使って、このように日本が「文明化」した国であるということを教えることも、教育の一つの目的でした。また、「文明化」した社会のしくみなども教えようとしました。第四次のものには、「裁判の傍聴」「貨幣」「郵便貯金」などの課もみられます。

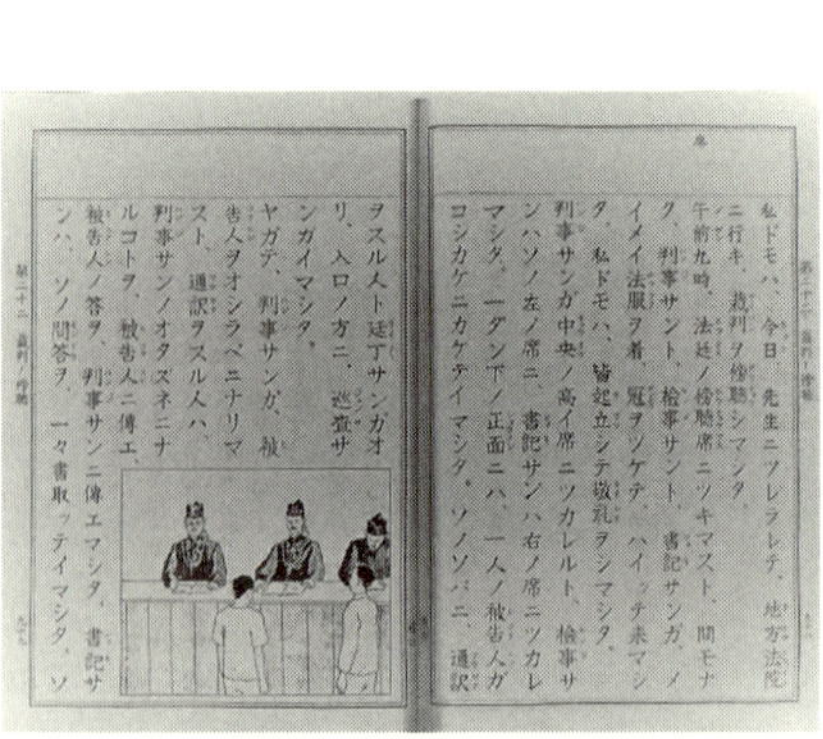
第二十二　裁判ノ傍聴

私ドモハ、今日、先生ニツレラレテ、地方法院ニ行キ、裁判ヲ傍聴シマシタ。
午前九時、法廷ノ傍聴席ニツキマスト、間モナク、判事サント、検事サント、書記サンガ、メイメイ法服ヲ着、冠ヲツケテ、ハイッテ来マシタ。私ドモハ、皆起立シテ敬礼ヲシマシタ。
判事サンガ中央ノ高イ席ニツカレルト、検事サンハソノ左ノ席ニ、書記サンハ右ノ席ニツカレマシタ。一ダン下ノ正面ニハ、一人ノ被告人ガコシカケニカケテイマシタ。ソノソバニ、通訳ヲスル人ト廷丁サンガオリ、入口ノ方ニ、巡査サンガイマシタ。
ヤガテ、判事サンガ、被告人ヲオシラベニナリマスト、通訳ヲスル人ハ、判事サンノオタズネニナルコトヲ、被告人ニ傳エ、被告人ノ答ヲ、判事サンニ傳エマシタ。書記サンハ、ソノ問答ヲ、一々書取ッテイマシタ。ソ

写真12　第四次『南洋群島国語読本』
（「裁判の傍聴」）

② 公学校の授業・学校生活の様子

学校の授業は、すべて日本語で行われました。授業中、日本語以外の言葉で話すことは禁じられていました。二年生になると、休み時間も日本語を使わないと罰を与えられたといわれています。しかし、一年生はまだ日本語がわからなかったので、助教員と呼ばれた現地住民の教員が通訳としてついて授業を行いました。また、さらに各離島では、それぞれの島の言葉が違っていたため、いくつかの離島から生徒が集まってくる公学校では、互いの言葉が通じず、通訳の先生を二人おくということがありました。

公学校で九年間教員を務めた田中準一の体験記『カナカの子らと共に』（一九八八年）には、次のような授業風景が描かれています。

> 授業の際、ぼく（筆者のこと）の日本語は助教員によってヤップ語に通訳され、補助の助教によって離島の言葉に通訳される。児童からのぼくに対する返事や質問は、それぞれの言葉に通訳され、助教員並びに助教によってぼくに還ってくるという仕組である。全くまどろしくって仕方がない。（中略）

この当時助教員はテイドウという四十才すぎのベテランで、離島児童の通訳をする助教はデフキンという二十二、三才の若い男だった［二二五―二二六］。

授業中の先生の説明や質問は、日本語→ヤップ語→離島の言葉の順で進められ、児童からの答えは、これを逆にたどるということになります。本当にのろのろとした、手間取る授業であったろうと想像できます。公学校一年生の日本語の授業は写真13のように、簡単なカタカナから始めました。公学校では現地住民の助教員は、通訳のほかにもいろいろな場面で日本人教員の助けをしましたが、給料は日本人教員の三分の一にも満たず、現地住民が正規の教員になることはできませんでした。

では、公学校の一日はどのように始まるのでしょう。

一九二〇年生まれで、夏島公学校の児童だったKさんのインタビューが残っています。インタビューは一九九四年に行われたもので、Kさんは当時七四歳、日本語での会話です。そこでは公学校での朝の様子が語られています。Kさんは戦後五〇年近くたっても日本語で会話ができました（会話の調子はたどたどしいところがあるので、整理してまとめて記します）。

学校は、朝の七時半から一二時まで。公学校では、毎朝教室に入る前に体操をやりました。そのとき、最初に宮城（東京の皇居）に向かって、「君が代」を歌い、最敬礼をして、そのあと回れ右をして、学校の方を向いてみんなで歌を歌いながら、ラジオ体操をします。体操が終わったら、先生がお話しをして、二人の生徒

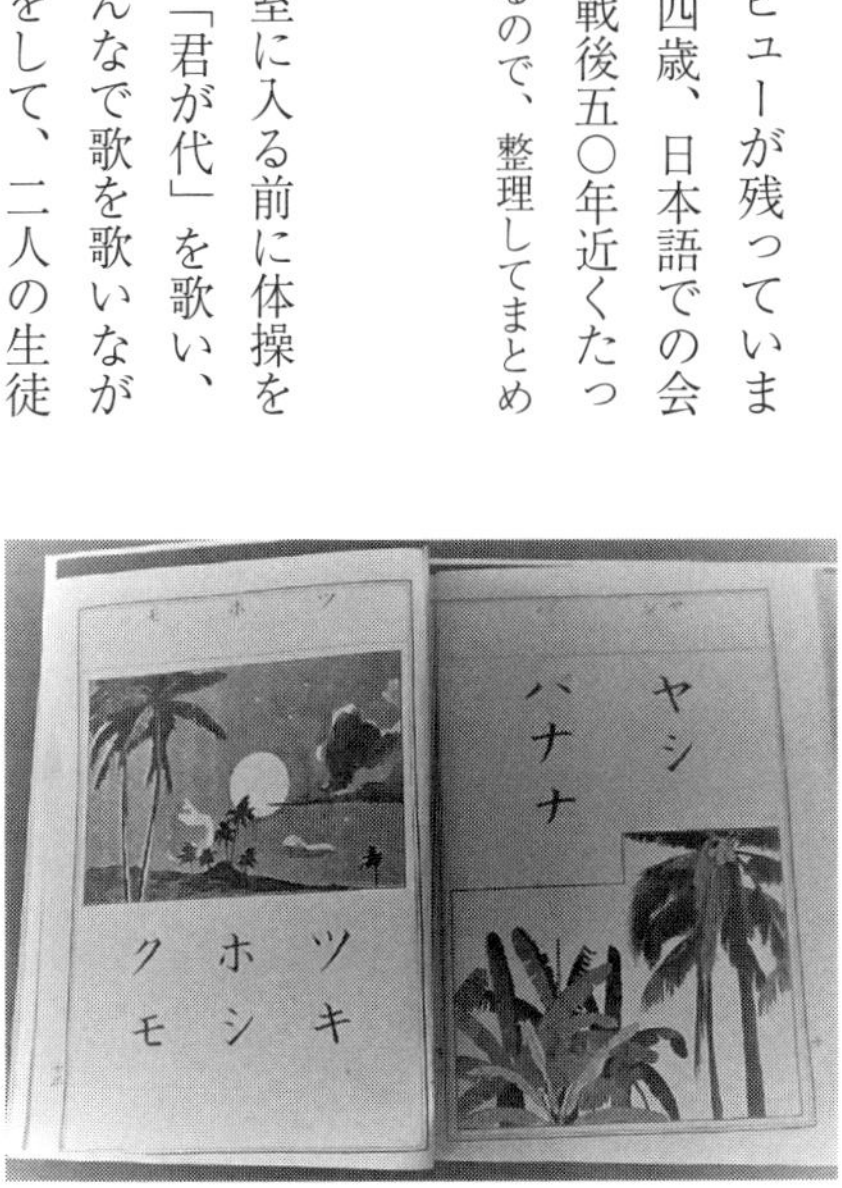

写真13　第四次『南洋群島国語読本』（巻一の初めの部分）

が前に出てラッパを吹いて、生徒たちみんなが足踏みをして、教室に入ります［土岐 二〇〇一：七三］。

皇居に向かっておじぎをする「宮城遥拝《きゅうじょうようはい》」や「君が代斉唱《せいしょう》」は、当時の日本の子どもたちが学校で行っていたことでしたが、公学校の現地の子どもたちに対しても同様のことが行われていたことがわかります。

また、Kさんが話していたように、（暑いため）授業は午前中で終わりますが、補習科の児童は午後になると、日本人の家で働くことが多かったようです。仕事は掃除や水くみ、皿洗いなどの家事の手伝いで、これにより一日一〇銭程度のお小遣いを得ることができたといいます。これは制度として決められたものではなかったのですが、こうした仕事が、実際の日本語の話し方を身につけるうえで役立ったと考えられています。子どもたちにとってはお小遣いをもらえることは楽しみでもありました。

③ 公学校の学芸会

現地住民の子どもたちは、授業では体操と音楽が大好きで、作業の時間が一番苦手でした。だから運動会や学芸会の行事は張り切って取り組みます。先の田中準一の著書のなかで、勤めていたマキ公学校での学芸会の様子が次のように書かれています。二、三年生の出し物の場面です。

（午後一時、鐘の合図とともに開会しました。観客は立ち上がって運動場を埋め、子どもたち

写真14 コロニー公学校の授業（昭和九年）（田中準一『風来坊先生滞南記』一九八六年：口絵）

の整列のあと、ウルル村の首長が招待のお礼とあいさつをしました。最初は一年生全員の合唱で、歌い終わると大拍手を受けて、全員が退場します。）

次は二・三年生一同の出番だ。全員フラヤル（助教員の名前）特製の厚紙を切り抜いた花笠を被り、腰にはこれまた色とりどりの紙製スカートをまとっている。

レコードが鳴り出した。花笠音頭の賑やかな前奏曲が流れ始めると美しい笠の波が一斉に揺れ出す。観客はレコードの音楽や児童たちの踊りよりも、今までに見たこともない色彩豊かなしかも異様な扮装に気をとられている。（中略）花笠踊りが終ると、嵐のような拍手とわっというどよめきにも似た歓声があがる。若い男の中には興奮のあまり、今にも自分が踊り出しそうになる衝動を押さえかねているような者も見える［八三―八四］。

学芸会で花笠音頭を踊るというのは奇抜であり、田中のアイデアでしたが、実はこれ以前に、田中自身がヤップ島ウルル村の踊りの会に誘われて見学をしていました。そのときにウルル村の首長と、今度は日本の踊りを紹介しましょうと、約束をしていたのです。現地住民とのこうした交流は、公学校の教育や活動の様子を現地社会に広めることにもなりました。

④　寄宿舎での生活

離島から通ってくる子どもたちは、寄宿舎に入って生活をします。その生活の一端を紹介しましょう。

○コラム・3
ヤップ島の石貨
ヤップ本島の村々には、今でも村の集会所の前などにライといわれる石貨が整然と並べられています。直径三〇センチから二メートルくらいの円形や楕円形で真ん中に丸い穴のあいた石です。この石貨は、民家の軒下に置いてあっても、その家のものとは限りません。名前が彫られているわけではありませんが、一つ一つの持ち主が決まっているのです。もちろん現在は普通の貨幣としてアメリカ・ドルで支払われ、銀行もあり、商店ではドルで買い物をします。しかし社会関係を築き維持する儀礼的交換の場では、今もドルではなく石貨が使われています［印東二〇〇五：一七四］。

マキ公学校で当時校長をしていた大橋節三の息子である大橋旦《おおはしあきら》さん（一九二六年生まれ）という方の聞き取りが載っている、『石貨の島へ　ヤップの教育今昔』（二〇一一年）という本があります。その中でマキ公学校の寄宿舎での様子が描かれています（ちなみに、大橋校長と先の田中準一とは勤務時期が違っていたためマキ公学校での接触はありませんでした）。

この本によると、寄宿舎では自給自足で自炊が原則でした。学校の周りの畑で自分たちの食べるサツマイモ、タピオカなどを作り、豚も飼育していました。特にパイナップルはたくさん作って日本人に売り、そのお金で米やみそを買いました。日本人は米を食べていましたが、現地住民には南京米《なんきんまい》が支給されていました。南洋庁や土地の有力者から援助はありましたが、米のご飯は時々だったといいます。タロイモなどのイモ類のほかタピオカの餅、パンの実をつぶした餅などを食べていました。

調理用の燃料は椰子殻《やしから》から作った炭でした。この炭は強い火力のでるいい炭だそうです。ヤップでは風呂がありません。海で水浴びは毎日しますが、スコールがくると真水のシャワーとなります。学校が終ると、海や川で魚獲りをしたり、カヌーで遊んだり、調理をしたりして過ごしました。夜寝るときは、木の床にゴザを敷いて寝ます。持ち物はこのゴザと褌《ふんどし》だけ。あとは共用の鉄鍋があるくらいで、他には何もない、雨をしのぐだけの宿舎だったそうです［田中　二〇一一：八七―八八］。

マキ公学校の寄宿舎は校長官舎の裏にある小さなもので、統計には入っていませんが、一九三七年四月の時点でこのような公学校の寄宿舎が南洋群島全体で七校あり、男女あわせて四七六人の生徒が生活していました［南洋群島教育会　一九三八：八〇二］。寄宿舎には宿直の先生も交代で泊まり、夜は勉強をみてくれたりもしました。寄宿舎の

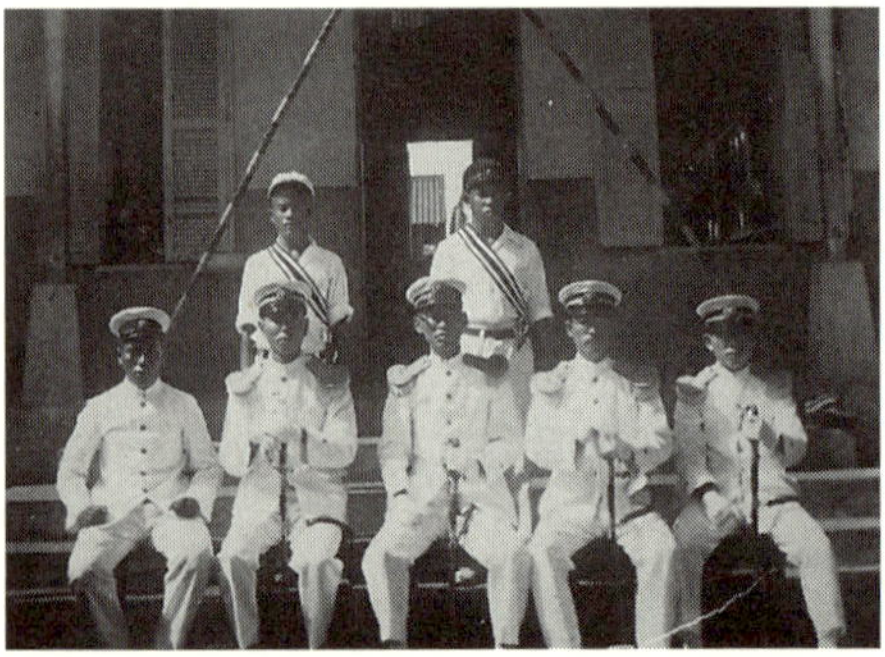

写真15　コロニー公学校職員（後列は児童）［田中準一『風来坊先生滞南記』一九八六年：口絵］

生活は、日本式の規律や道徳を教える場でもありました。

そのほか現地の子どもたちのなかには、公学校以外に地元のキリスト教系の宗教学校に通う子どももいました。

一九一四年日本が占領した南洋群島には、主な地域に教会や布教所が作られていました。キリスト教は群島全体に浸透しており、現地の人々と宣教師《せんきょうし》のあいだには信頼関係が築かれていました。南洋庁は欧米人宣教師が現地住民に対し、反日感情《はんにちかんじょう》をあお

写真16　ポナペ・コロニー公学校（南洋庁『南洋群島写真帖』一九三二年）

写真17　ポナペ・キチー公学校のラジオ体操（『南洋教育』第二巻第二号）

写真18　パラオ・コロール公学校（南洋庁『南洋群島写真帖』一九三二年）

写真19　ジャポール公学校網製作指導（『南洋教育』第五巻第一号）

るのではないかと警戒しつつも、委任統治による信教《しんきょう》の自由を保障する必要もあり、キリスト教の布教を許可していました。現地住民のあいだに深く浸透したキリスト教を排除するのは得策ではなく、統治のために利用しようと、考えたからです。そのため、公学校教育を優先させるとの前提で、教会学校の活動も許しました。教会学校の通学形態は様々で、公学校へ行きながら週一、二回通う者や、公学校にまったく行かず、替わりに通う者、あるいは公学校を卒業したあとに行く者もいました。

一九三七年四月末現在で、プロテスタント系＊、カトリック系＊両方で一三の学校があり、生徒数は両系で、男女あわせて一五一八人にのぼりました［南洋群島教育会　一九三八：八〇二―八〇四］。

＊カトリックとプロテスタント
カトリックは旧教とも呼ばれ、ローマ教皇を首長とするキリスト教の一派。プロテスタントは新教ともいい、一六世紀に宗教改革によりカトリック教会から分離した近代キリスト教の総称。

4　日本人児童の教育

①　日本人児童のための学校

では、もう一つの教育体系である日本人の子どもたちの教育について、述べていきます。

表1をみてもわかるように、南洋群島の日本人人口は、一九三五年には現地住民の数を上回り、一九四〇年代には九〇〇〇〇人以上にもなっていました。こうした状況につれて、日本人の子どもの数も増えていったのです。

表5をみてください。一九三九年四月末までの日本人小学校の児童数は、八五八二人、日本人小学校は二五校、教員数は二四〇人にのぼっていたことがわかります。

日本人児童のための教育が最初に始められたのは、軍政時代、一九一九年の「南洋

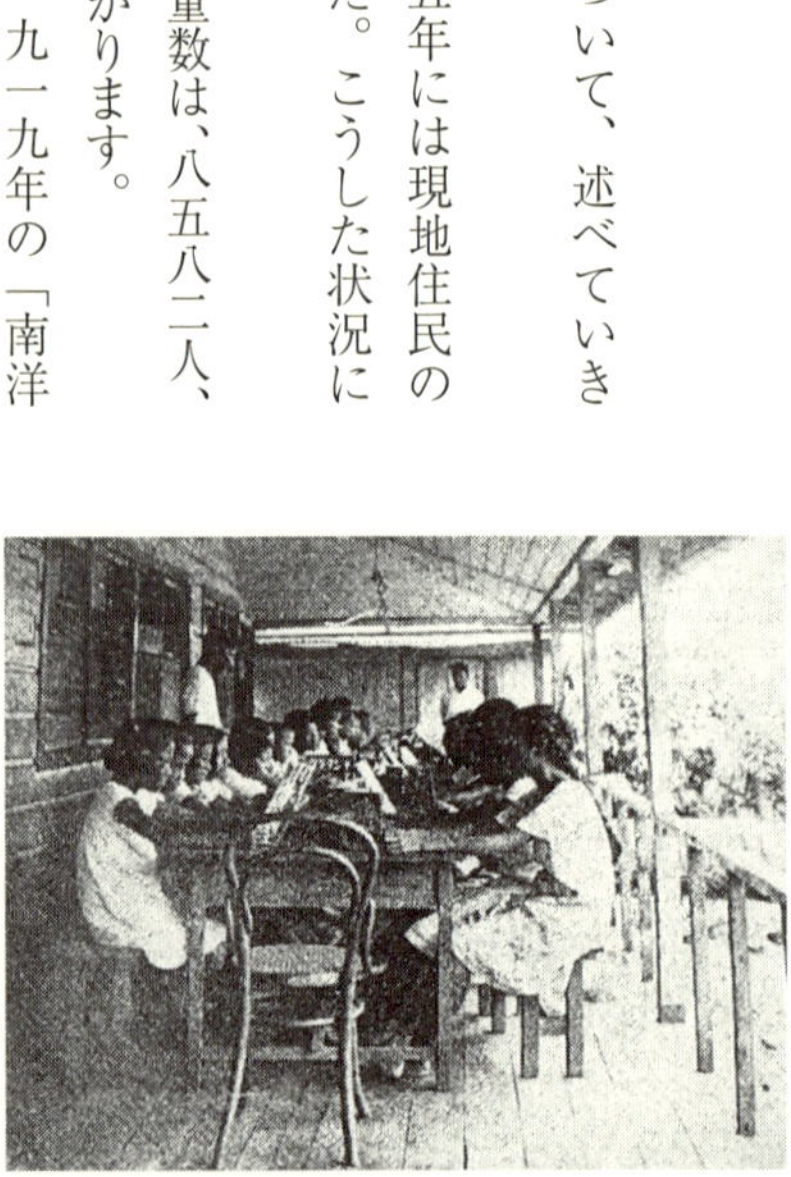

写真20　ポナペ・コロニー公学校児童の寄宿舎自習」［『南洋教育』第五巻第一号］

群島尋常《じんじょう》小学校規則」によります。これにより日本人が多く住んでいたトラック島とサイパン島に二つの小学校が作られました。南洋群島の小学校は、内地（日本本土）の小学校と同様に小学校令、文部省令が適用され、内地の小学校と同じ教育内容でした。

南洋庁が設置されると、今度は日本人児童の教育について、一九二二年に「南洋庁小学校規則」が制定されました。その後日本人児童の数はさらに増えていき、小学校を卒業すると、比較的金銭に余裕のある家庭の子どもは、内地の中等教育の学校に進学する者も出てきました。その際内地の小学校卒業者と同等の扱いをしてもらえました。南洋群島の小学校では、内地と同じ国定教科書を使っていましたが、熱帯である南洋の生活や環境のことを教えるために、パラオの教員らにより『南洋群島補充理科書』など南洋独自の教材も作られました。

このように、現地の子どもと日本の子どもに対する教育は、別々の教育制度によって行われ、それぞれ別々の学校に通っていたため、子ども同士互いに交わることはほとんどなかったのですが、教員たちは、日本人児童の小学校と現地児童の公学校の間での異動はよくあることでした。南洋群島教育会から発行された『南洋教育』には、公学校、小学校それぞれに勤務した教員の意見などが載っています。

② 日本人小学校の様子

サイパン尋常小学校保護者会から、『さいぱん』（一九三五年、創刊号、何号まで発刊されたかは不明）という会誌が出されています。そこからは南洋諸島での日本人児童の小学校生活を知ることができます。まず「校内生活の一日」という記事からみていきましょ

写真21　木工徒弟養成所（『南洋教育』第二巻第一号）

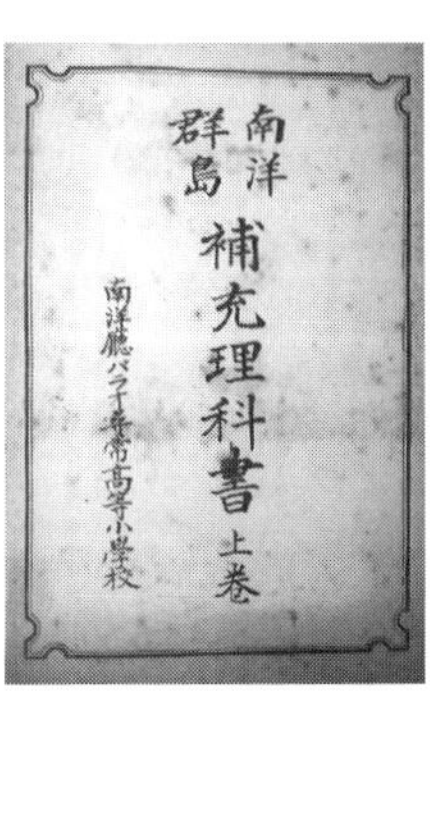

写真22　『南洋群島補充理科書』上巻（南洋庁パラオ尋常高等小学校一九四〇年）

（1939年4月末現在）

児童数								
尋常科			高等科			総数		
男子	女子	計	男子	女子	計	男子	女子	計
650	683	1,333	107	56	163	757	739	1,496
174	173	347	24	25	49	198	198	396
220	204	424	33	16	49	253	220	473
241	196	437	42	24	66	283	220	503
241	228	469	35	30	65	276	258	534
377	387	764	60	49	109	437	436	873
227	223	450	38	22	60	265	245	510
187	182	369	34	18	52	221	200	421
177	144	321	33	18	51	210	162	372
177	209	386	13	2	15	190	211	401
91	107	198	19	11	30	110	118	228
80	81	161	—	—	—	80	81	161
33	35	68	—	—	—	33	35	68
442	420	862	68	50	118	510	470	980
65	55	120	—	—	—	65	55	120
41	36	77	—	—	—	41	36	77
60	62	122	—	—	—	60	62	122
31	34	65	—	—	—	31	34	65
22	26	48	—	—	—	22	26	48
73	100	173	—	—	—	73	100	173
25	13	38	—	—	—	25	13	38
116	153	269	26	11	37	142	164	306
57	47	104	—	—	—	57	47	104
40	31	71	—	—	—	40	31	71
18	24	42	—	—	—	18	24	42
3,865	3,853	7,718	532	332	864	4,397	4,185	8,582

表5　日本人小学校　教員数・学級数・児童数

	支庁名	学校名	教員数			学級数		
			訓導	嘱託	計	尋常科	高等科	計
1	サイパン	サイパン	20	3	23	22	4	26
2		マタンシヤ	13	1	14	6	1	7
3		チヤツチヤ	8	2	10	8	1	9
4		アスリート	11	3	14	8	1	9
5		チヤランカ	13	3	16	8	1	9
6		テニアン	23	4	27	12	4	16
7		カーヒー	12	2	14	9	1	10
8		マルポ	12	2	14	6	1	7
9		ハゴイ（チューロ）	11	2	13	6	1	7
10		ロタ	10	1	11	7	1	8
11		タルガ	4	1	5	4	1	5
12		シルバール	1	1	2	4	—	4
13	ヤップ	ヤップ	5	3	8	1	—	1
14	パラオ	パラオ	14	2	16	13	2	15
15		清水	5	2	7	2	—	2
16		瑞穂	4	1	5	2	—	2
17		朝日	3	1	4	2	—	2
18		アンガウル	2	2	4	1	—	1
19		ベリリュウ	1	1	2	1	—	1
20	トラック	トラック	6	0	6	3	—	3
21		水曜島	2	0	2	1	—	1
22	ポナペ	ポナペ	12	1	13	5	—	5
23		マタラニーム	2	2	4	2	—	2
24		春來	4	0	4	1	—	1
25	ヤルート	ヤルート	1	1	2	1	—	1
合計			199	41	240	135	19	154

出典：南洋庁内部務企画課『南洋庁統計年鑑　昭和十四年』昭和十六年
注：1943年の『南洋庁職員録』には、サイパン第二、タロホホ、バガン（サイパン）、大和、ガスパン、マルキヨク（パラオ）、秋島（トラック）、クサイ（ポナペ）の各小学校が追加されている。

う。サイパン尋常小学校の一日はこのように送られていました［七八―八〇］。

児童たちは校門を入ると、奉安所《ほうあんじょ》＊と国旗に敬礼をして教室に向かいます。サイパン尋常小学校では一九三五年に奉安殿《ほうあんでん》＊が建設されました。八時一〇分前になると、校庭に整列し、一同挨拶、体操、校長先生の話など朝会があります。毎週月曜日には、国旗掲揚と国歌斉唱があります。朝会のあと、整列して教室に入り、午前中の授業が始まります。授業は四五分、休憩が一五分あるそうです。午前は一一時四五分で終わり、一、二年生は下校しますが、校門を出る前に、奉安所と国旗に敬礼をします。

お弁当を食べた後、午後は一二時四五分から始まります。午後の授業は、手工、裁縫、図画、唱歌、体操といった技能教科が中心で、一時三〇分まで。五、六年生は二時三〇分までの日もあります。そのあと掃除をして帰ります。

このように内地の小学校とあまり変わりのない一日ですが、保護者会誌では子どもの体調を気づかい、親たちに水筒や汗拭きを忘れずに持たせるよう、何度も呼びかけています。

また、『さいぱん』には、前年度の行事の様子と今年度の行事予定表が載っています。例えば前年の一九三四年度には、遠足会が六月と一一月の二回あり、学年ごとに近くにある山登りをしました。八月にはラジオ新聞主催の軟式少年野球大会が開かれました。近隣の小学校との対抗戦でサイパン小学校は、三回戦でチャッチャ校に敗れています。一一月二三日には四校連合大運動会が開かれており、学校近くの大きなグランドで、多くの観衆が集まり盛大に行われました。

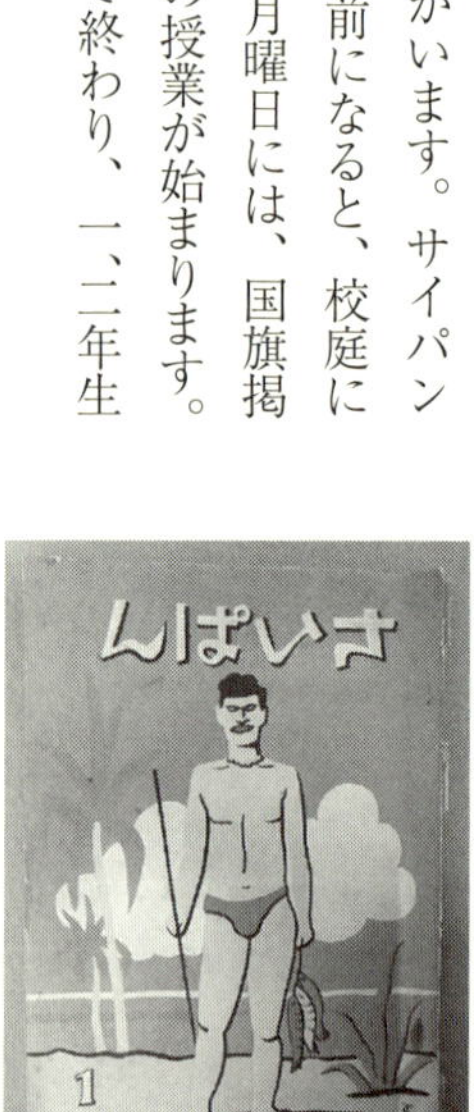

写真23　『さいぱん』の表紙

＊奉安殿《ほうあんでん》・奉安所

戦前の日本において、天皇と皇后の写真（御真影）と教育勅語を納めていた建物を奉安殿《ほうあんでん》といい、校舎から独立して建てられました。当初は、講堂や職員室・校長室内部に設けられ、これを奉安所といいました。しかし、奉安所は火災や地震などの危険があり、このため奉安所は金庫型へ改められ、さらに独立した堅ろうな奉安殿の建築へと進められました。

こうした行事や学校生活について保護者会は支援をおしまず、「内地の児童に劣らぬ、躍進《やくしん》気象《きしょう》のある海外児童を作り上げたい」という親たちの期待が込められていました。

『さいぱん』をみると、衛生面の取り組みが非常に熱心であることがわかります。一九三五年度の行事予定表には、四月身体検査と寄生虫検査、五月歯の検査、七月眼の検査などが記されています。特に眼の病気（トラホームなど）にかかっている児童が多いため、洗眼治療をする看護婦を保護者会で雇っていました。そのほか救急薬品の常備や、各教室にクレゾールをいれた洗面器を備えるなど、衛生面や健康管理の対策

写真24　サイパン尋常小学校〔南洋庁『南洋群島写真帖』一九三二年〕

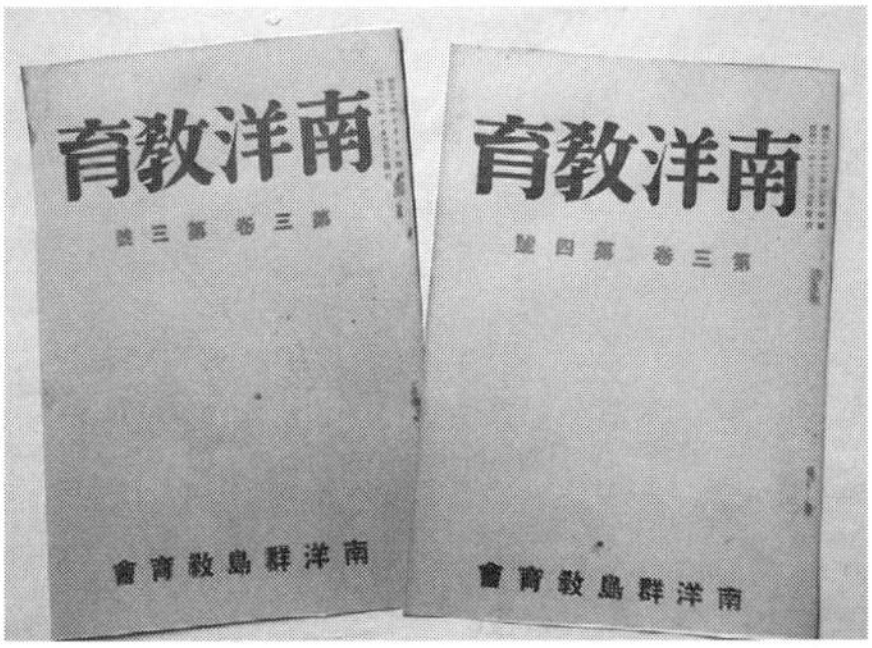

写真25　南洋群島教育会『南洋教育』表紙

写真26　奉安殿〔『沖縄県史　資料編15　写真資料(上)近代4』二〇〇二年〕

写真27　奉安殿への祈願〔『沖縄県史　資料編15　写真資料（上）近代4』二〇〇二年〕

に力が入れられました。熱帯という環境で日本の子どもの健康をどう維持していくか、教員も親も苦心している様子が感じられます。ここでも「内地に負けない、健康な海外児童を育てる」という思いがあったのです。

多くの親の要望であった中等教育の学校が、南洋群島でも作られるようになりました。一九三三年にサイパン実業学校がつくられました。

サイパン実業学校は「南洋開拓者の養成」を目的に、男子を対象とし開校されました。教科科目は実業科目が全体の約三分の一を占め、実習作業の時間が多くありました。就業年限も当初より一年のび三年となり、農業科と商業科の二科に編成され、内地の実業学校と同等に扱われました。生徒のなかには、南洋庁の役人や地元の会社員にあこがれ、農業以外の職業に就く可能性に期待し、勉学に励んだ者もいたといわれています。とりわけ、さとうきび栽培の小作人の子どもは、親の仕事の厳しさから、親とは異なる仕事に就きたいと考える者が少なくなかったのです。

また、一九三九年と四一年には、サイパン高等女学校とパラオ高等女学校が設立されました。両高等女学校は、「拓殖に適応する女子教育」という教育方針が掲げられていました。就業年限は四年で、内地と同じ学科、授業時間でした。さらに一九四二年にはパラオ中学校（男子）も開校されました。しかし、戦争が激しくなるにつれて軍への奉仕作業にかり出され、授業らしい授業はほとんど行われず、卒業生を出すことなく、一九四四年に解散しました。

こうした日本人生徒が通う中等教育の学校へは、現地児童が公学校補習科を卒業し

*衛生面の取り組み

特に、「飲料水供給については保護者会にて松風式濾過器を購入し」、「洗面所及足洗場はコンクリートにて設備」し、「便所は毎日放課後清掃しデシンを散布して防臭と消毒をして居る」など細かな指導がなされていました。［サイパン尋常小学校保護者会編一九三五：七九］

ても、入学することは認められませんでした。先にも述べたように、現地児童に対する中等教育レベルの学校は、木工徒弟養成所が一校あるのみでした。前述のインタビューで証言した夏島公学校元児童のKさんも、日本人と同じようにもっと勉強したかったといっていましたが、現地住民は「非文明人」であるとして、法律上、「島民」と称され、日本国民（当時は「臣民《しんみん》」といいました）のなかに入れられませんでした。したがって原則として、教育も日本人と別にするというのが南洋庁の考えだったのです。

③　日本人の子どものくらし――テニアン島・カーヒ小学校四年生の少女の生活

二章で登場した山形県出身の、菅野静子《すがのしずこ》さんの小学校四年生のときの出来事です。一九二七年に生まれ生後9か月のとき、契約移民《けいやくいみん》**として一家五人でテニアン島に渡った菅野さんは、家族とともに開拓地に入植しました。大変な苦労をしてジャングルを開墾する家族や近隣の家族らとともに、数々の困難を体験してきました。

昭和一〇年九月一〇日、台風で朝からはげしい雨がふり、小学校からも全員が帰宅するよう命令がでました。

「（中略）家についたのが午後二時ちかくであった。家の木の門がたおれていた。奥にあるはずのわが家をみたときに、わたしはぼうぜんとして、その場に立ちつくした…。

父や母や妹たちが待っているはずの家が、無惨にもペチャンコにたおれているではないか。（中略）サトウキビの刈りいれも近づいていただいじな時期でもあっ

写真28　パラオ中学校第一回入学式（昭和一七年四月二〇日）〔「南洋群島協会々報」一九一号、一九九二年〕

**契約移民
前金制度、就労年限の規定など、一般の労働契約よりも拘束性のつよい契約条件のもとで、労働に従事する移民。移民会社などが仲介するのがふつうで、出稼ぎの性格が強いものでした。

たのに、サトウキビ畑は一面あらされて、手のつけようもなかった。このため百姓たちは、南洋興発会社からたくさんの借金をしなければならなかった。

百姓の子どもたちは、靴も買ってはもらえなかった。病気になっても医者にもみてもらえなかった。それにくらべて役人の子どもや、会社員の子どもたちは、皮靴に靴下をはいて、きれいな服を着て学校に来ていた。百姓は、朝から晩まで、はたらいてもはたらいても貧乏神から離れることはできなかった」［菅野　二〇一三：三六―三九］。

日本人移民といっても、役人や会社員とさとうきび栽培の小作人では、生活の差が歴然と存在し、子どもたちの生活にも大きな違いがみられました。さとうきび栽培の小作人の子どもは、毎日親の手伝いに明け暮れ、朝登校前から帰宅後も仕事があり、遊ぶ時間はほとんどありませんでした。厳しい労働に従事しても、収穫の前に台風が来ればひとたまりもなく、そうした親たちの苦しい状況を子どもたちはよく知っていたのです。菅野静子さんは、このあと尋常小学校高等科に進み、卒業するとサイパン島の貿易会社につとめることになります。

四　南洋群島は「海の生命線」

1　国際連盟からの脱退

日本の委任統治が始まって一〇数年間は、アメリカが攻めてくることを仮定して、

写真29　さとうきび農園のカレータ（牛車）［菅野静子『新版　戦火と死の島に生きる』二〇一三年：二二］

ひそかに軍事的な戦略は練っていましたが、南洋群島に大きな荒波はありませんでした。

大きな変化をもたらしたのは、満洲事変をきっかけにした、一九三三年の日本の国際連盟脱退の宣言でした（脱退が実施されたのは、二年後の一九三五年三月からです）。

国際連盟を脱退すると、連盟から認められた南洋群島の委任統治の資格を失うのではないか、という議論が日本国内で大きくわきあがりました。

このときにわかに、「海の生命線　南洋群島」というスローガンが唱えられるようになりました。これは、南洋群島の軍事的な重要性を強調したものですが、満洲に対する「守れ満蒙《まんもう》、帝国の生命線」という言葉と並んで、広く使われるようになりました。

一九三三年に、海軍省監修の『海の生命線　我が南洋群島』という映画が全国各地で上映され反響をよびました。これは七二分のトーキー映画（音声が出る映画のこと。当時無声映画も多かったのです）で、南洋の様子について、「土人は内地の流行歌等を覚えて巧みに歌うのであります」というアナウンスがあったそうです。また、歌手の藤山一郎が歌う「常夏の島（海の生命線）」という流行歌がヒットしたのもこの時期です。この歌はサイパン島ガラパンの町でもしきりに流れたといわれています。

作詞：宮崎光男　作曲：中山晋平

太平洋の青空に　紅《くれない》はゆる日章旗
白いリーフに踊る魚　渚なぎさに鳥は鳴く
裏南洋の陽は静か　日本を南　海千里

写真30　サイパン尋常小学校校歌（『南洋教育　第三巻第一号』）

鳥は一千　人の波　浮いてまたたく島の灯を
閉じて守りの生命線　裏南洋の夜は静か

結局、国際連盟脱退後も日本による南洋群島の委任統治は続けられました。しかし、むしろ南洋群島を日本の領土とすべきだといった主張が日本国内でも強まっていきました。実際海軍は、有事の際は軍用に転用できる港湾施設の建設や、大規模な海軍演習などを行うようになりました。

南洋群島にいる日本人は、食糧や生活物資を内地からの移入に頼り、内地からの定期便が生命線となります。また、沖縄からの移民が増加すると、沖縄との直航便も設けられました。表1にもあるように、南洋群島の日本人人口は一九三五年には現地住民人口を超え、一九四三年には現地住民人口の一・八倍にまで増えました。

2 「皇民化教育」

一九三七年の日中戦争を境に、学校教育の様々な場面で、「天皇の赤子《せきし》」となる教育、すなわち「皇民化《こうみんか》教育」が徹底されるようになりました。

前にも述べましたように、公学校では日の丸を掲揚し、毎朝「君《きみ》が代《よ》斉唱《せいしょう》」をしていましたが、さらに、現地児童たちは「私たちは天皇陛下の赤子《せきし》です。私たちはりっぱな日本人になります」と大きな声で言わされました。このとき、ふざけたりすると、女の子でも殴られたそうです。また、国家行事のたびに「宮城遥拝《きゅうじょうようはい》」も義務づけられました。日本人のために建てられた神社へ、現地児童だけでなく現地住民までもが参拝を強要されるようになっていきました。この様に「皇民化」を徹底したにも関わらず、ある元公学校児童は当時をふりかえって、「言っている意味は自分でもわからず、ただ先生が怖いから一生懸命に拝んだ」といった回想を残しています。

一九三七年発行の第四次『南洋群島国語読本』（本科第五巻）には、「靖国神社」の課が登場しました。

靖国神社《ヤスクニジンジャ》ハ、東京《トウキョウ》ノ九段坂《クダンザカ》ノ上ニ　アリマス。

コノ神社《ジンジャ》ニハ、君《キミ》ノタメ、国《クニ》ノタメニ、イノチヲサ、ゲテツクシタ人々ヲ、マツッテアリマス。（中略）

君《キミ》ノタメ、国ノタメニツクシタ人々ヲ、コノヨウニ神社《ジンジャ》ニマツリ、毎年《マイネン》、テイネイナオ祭《マツリ》ヲシマスノハ、天皇陛下《テンノウヘイカ》ノオボシメシニヨルノデス。

日本国民《ニッポンコクミン》ハ、フカイカンシャノコ、ロヲモッテ、靖国神社《ヤスクニジンジャ》ニオマイリシマス。

『公学校国語読本教授書』（第四次）によれば、この課の要旨は、「日本の国風と日本国民忠誠《ちゅうせい》の精神とを知らしめる」ことであるといっています。「君」とは天皇のことをさしています。

法律上、日本国籍を与えられなかった現地住民は日本帝国臣民のなかにいれられず、「島民」という身分であったにもかかわらず、このように日本人になることを叩《たた》き込まれ、のちには軍のために過酷な労働に従事させられ、戦場で働かされた人もいました。

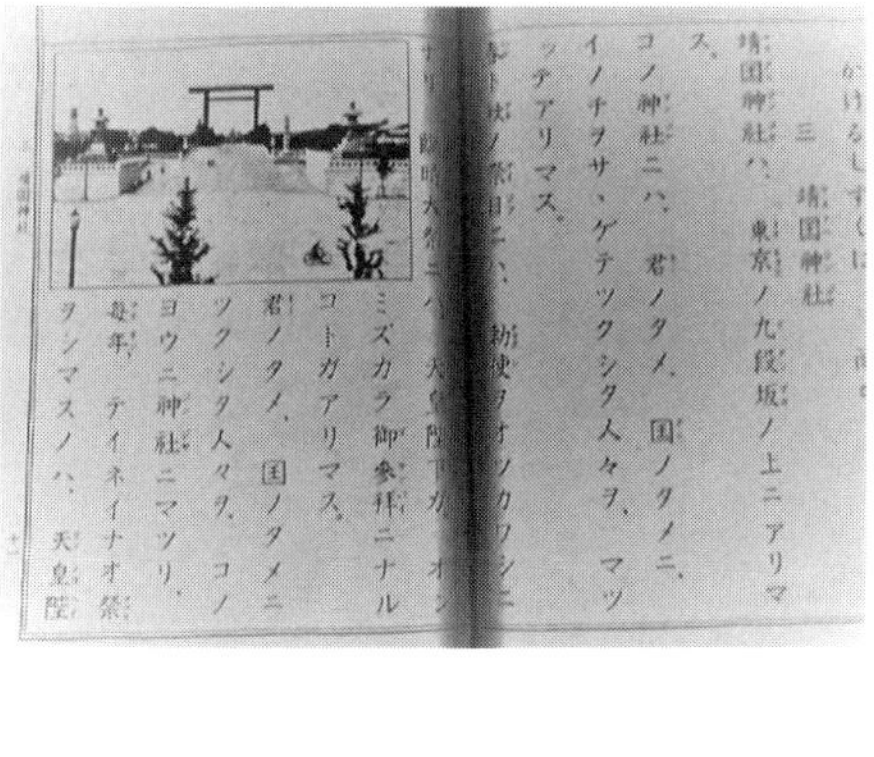
三　靖国神社

靖国神社ハ、東京ノ九段坂ノ上ニアリマス。

コノ神社ニハ、君ノタメ、国ノタメニ、イノチヲサ、ゲテツクシタ人々ヲ、マツッテアリマス。

ミズカラ御参拝ニナルコトガアリマス。

君ノタメ、国ノタメニツクシタ人々ヲ、コノヨウニ神社ニマツリ、毎年、テイネイナオ祭ヲシマスノハ、天皇陛

写真31　第四次『南洋群島国語読本』（「靖国神社」）

しかし一方で、第四次の教科書には、「珊瑚島」「パラオの風害」「ナンマタル」など南洋群島の特徴を教える課も入っていました。

3　日米開戦前夜――戦時下の教育

一九三八年に国家総動員法*が南洋群島でも実施されると、慰問《いもん》や国防献金《こくぼうけんきん》の奨励、物資の節約、「陥落祝賀提灯行列《ちょうちんぎょうれつ》」などが目につくようになりました。

一九四〇年前後の様子をある元公学校児童が話してくれました。

> 日本がソロモンをとったとか、南京《なんきん》陥落のときは行列がありました。自分で作った日の丸の旗をもって、南洋神社から新波止場まで警防団が日本人、沖縄の人、朝鮮人、村の青年団、村の人、学校の人の順に並んで歩きました。「勝ってくるぞと勇ましく」「見よ東海の…」を歌いながらね。行列のある日は村じゅうにぎやかでうれしかった。出征《しゅっせい》（兵隊に行くこと）の見送りもしましたよ［森岡　二〇〇六：三六五］。

南洋庁の内務部長が、パラオの学校長会議のなかで「今や島民は我が皇民である、陛下の赤子《せきし》である、臣民であるという考えをもって」、日本人と共に進んでいこうと講演したように［『南洋教育』第六巻第二号］、日本国籍のない現地住民・児童も日本の戦争体制のなかに巻き込まれていきました。まさに南洋群島にいる人たちをすべて動員して戦争に協力させたのです。一九四〇年前後から本格的な基地建設が始まり、戦略拠点と

＊国家総動員法　一九三八年五月、日中戦争の長期戦化に対処するため、全国力を最も有効に発揮できるよう、人的・物的資源を統制運用する目的で公布された法律。公布後は戦時体制の強化に利用されました。

写真32　第四次『南洋群島国語読本』（ナンマタル）

なったマリアナ諸島やパラオ諸島などでは、飛行場の建設が急ピッチで進められました。

しかしそれでも、機械力がないため軍事施設の建設工事はとても追いつかず、朝鮮人や内地の囚人（受刑者）までも連れてこられました。

記録によると、マーシャル諸島ウォッジェ環礁《かんしょう》（サンゴ礁でできた島）と北マリアナ諸島テニアン島には囚人約二〇〇〇名以上が送り込まれたが、食糧不足やひどい衛生環境のため、多数の死亡者が出たそうです。また朝鮮人労働者は、一九三〇年代後半から徐々に増えてきましたが、一九三九年以降一気に増え、一九四二年には約六〇〇〇人以上にも達しました。朝鮮人は労働者募集という形で連れてこられましたが、建設工事のほか、鉱山資源の掘り出しなどにも動員がかけられたそうです［井上　二〇一五：一六一―一六五］。

一九四〇年代ごろから学校にも朝鮮人児童がたくさん編入してくるようになりました。日本人と朝鮮人の子どもたちは一緒に遊んだりしたが、ときには朝鮮の子どもたちの片言の日本語を笑ったり、朝鮮語をからかったり、なかには「三等国民」と呼んで、けんかをしかけた日本の子どももいました。

日本人児童の教育については、一九四一年「国民学校令」が施行され、内地と同様に尋常小学校は国民学校**と改称されました。一九四二年時点で南洋群島には全部で三三の国民学校があり***（注は次頁下欄）、「国民学校令」施行後、南進の拠点という南洋群島の使命が強調されるようになりました。日本人学校の児童・生徒たちにとっても、勤労奉

**国民学校
一九四一年四月から四七年三月まで、小学校にかわって国民学校が設置され、「皇国民の基礎的錬成」を目的とする機関として、アジア太平洋戦争下での教育の戦時体制のかなめを担いました。国民学校では徹底した軍国教育が実施され、従来の教科目は皇民科、理数科など「教科」に束ねられ、その下に国語、理科などの「科目」が設けられました。

仕の日々が続き、民間人もかり出されました。軍の作業により、授業はほとんどなくなっていき、また、「愛国的心情の養成」をめざして、登下校時、御真影《ごしんえい》のある奉安殿（あるいは奉安所）への敬礼、国旗掲揚《けいよう》、朝会や儀式での宮城遥拝《きゅうじょうようはい》、神社への参拝などが学校でも徹底されるようになりました。

南洋群島では、日本の統治期間中にいくつもの神社が作られましたが、なかでも一九四〇年にパラオ諸島に建てられた南洋神社は、皇民化の大きな役割を担いました。

4　アジア太平洋戦争の開戦

一九四一年一二月八日、日本軍はハワイの真珠湾を奇襲し、南方ではマレー半島などへの上陸作戦を開始しました。アジア太平洋戦争の始まりです。日本軍はすぐさまグアム、ナウル、ギルバートの島々を攻略し、ミクロネシア全域を支配しました。ラジオ放送を通して次々と伝えられる戦果に、島をあげて祝勝の気分となり、みな一様に日本の勝利を疑いませんでした。開戦後一九四二年ころまでは、戦争の緊張感はそれほどなく、離島などではまだのんびりした雰囲気だったといいます。

それが一九四三年ころから急変してきました。南太平洋上のミッドウェー海戦、ガダルカナル島、アッツ島で次々に日本軍が敗北していきました。一九四三年九月、日本は本土を防衛するための「絶対国防圏《ぜったいこくぼうけん》」という死守すべき範囲を決定しました。しかし、ここには南洋群島のマーシャル諸島は外されていました（地図3）。つまり、「生命線」のはずの南洋群島は二分され、この時点でマーシャル諸島は見捨てられたといっ

＊＊＊国民学校職員数及び児童数（昭和一七年一二月末現在）
学校数三三、職員数二九七人、児童数（男）七一二〇人、（女）四七〇三人、（合計）一万一八二三人。［南洋庁内務部企画課『一九四一：六七」］（一部数字の誤りを訂正しました）

写真33　南洋神社［『南洋教育』第七巻第五号、一九四〇年：三四］

ていいのです。
一方、女性や子ども、高齢者に本土引き揚げの命令が下り、一九四二年一二月から実施されました。これは民間人の安全のためというよりは、戦時の食糧確保、労働力になりえない者への強制移住でした。一六歳以上六〇歳未満の男性は引揚げから除外されました。引揚げは、米軍の潜水艦が横行する危険な海域での航海であり、撃沈された船も多く、たくさんの犠牲者がでました。また、一九四三年には南洋群島にいる日本人に徴兵がだされました。

戦争が激化するにつれて、満洲方面から多くの陸軍兵士が送り込まれ、学校や民家が軍の宿舎として利用されました。内地からの補給路が断たれると、食糧はますます不足し、軍は現地住民を農耕班、漁業班などに割り振り、兵隊の食糧増産のために総動員させました。勤労奉仕もさらに強いられ、また、志願して戦場に送られた現地住民もいました。一九四三年に結成された「パラオ挺身隊《ていしんたい》」や「ポナペ決死隊」という部隊はニューギニア戦線に送られ、多くの者が行方不明や戦死者となりました。

一九四四年には米軍は南洋群島を次々と占領下におき、六月にサイパン、テニアン両島を占領し、七月にグアム島を奪還《だっかん》、九月にはパラオ諸島を攻撃し、一年足らずで日本の「海の生命線」はことごとく撃破《げきは》されました。マリアナ諸島は本土爆撃の基地となり、テニアン島を飛び立った米軍戦闘機Ｂ29は、一九四五年八月六日広島に、八月九日長崎に原爆を投下しました。

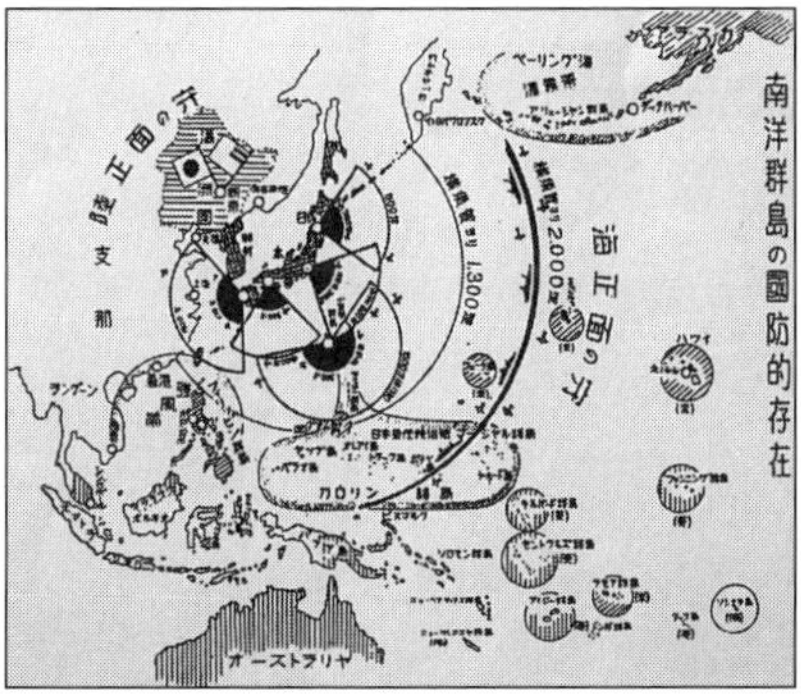

地図３　南洋群島の国防的存在地図（昭和一〇年頃）〔『沖縄県史各論編　第五巻　近代　二〇一一：三五八』〕

5　米軍のサイパン、テニアン両島の上陸

太平洋諸島の戦いで、米軍が上陸したサイパン島とテニアン島では、とくに凄惨きわまる戦況が続きました。

一九四四年六月一五日、米軍がサイパン島に上陸し、民間人を巻き込んでの地上戦が始まったのです。民間人は攻撃を逃れるため、島中を逃げまどうことになりました。食料を見つけながらの逃避行《とうひこう》で、その途中で米兵に見つかり射殺されたり、艦砲射撃《かんぽうしゃげき》による被弾《ひだん》で、壕《ごう》に身を寄せていた人たちにもおびただしい死傷者がでました。七月七日、サイパン島での司令官の自決により、日本軍の組織的抵抗は終わりましたが、最後までゲリラ戦を続けよとの命令が残されたため、その後も戦闘が続き、民間人の犠牲者はさらに増え続けました。

サイパン戦の戦死者は、日本軍約四万人以上、民間人の日本人（朝鮮人を含む）約一万から一万二〇〇〇人。現地住民も多数亡くなりました。サイパン島では現地住民の一割超が死亡し、また日本人の死者の六割以上が沖縄県出身者でした。

サイパン戦の終結のあとの七月二四日、米軍はサイパン島から四キロメートル南西にあるテニアン島に上陸しました。米軍の戦力約四万二〇〇〇人、発射した砲弾《ほうだん》は約二〇万発といわれています。サイパン島より小さいテニアン島はひとたまりもなく、わずか一週間後の八月一日に米軍は占領を宣言しました。ここでも米軍によりテニアン南端まで追い詰められた人々は海に身を投じたり、集団自死をしたり、悲劇があちこちでおこりました。

テニアン戦では、日本軍約八〇〇〇人、民間人約三五〇〇人の戦死者がでています。

二章でみた沖縄県『具志川市史《ぐしかわし》』〔具志川市教育委員会　二〇〇五：一八四—二四二〕から、サイパン戦、テニアン戦の体験者の証言を聞きましょう。

・澤岻《たくし》弘さん（一九二七年生、沖縄・上江洲《かみえす》出身、四歳のときサイパン島へ移住）

「山の中を裸足でどんどん北の方向へ逃げ回り、ゴンゴンという岩だらけの海岸に着いた。このときも親父とはぐれたまま、ゴンゴンには私たちだけしかいなかった。逃げる途中で妹の由枝と弟の清が水分不足と栄養失調で衰弱して死んだ。食べ物はないし、水もなく熱を出していた。どこの浜かわからないけど、艦砲《かんぽう》の穴があいたところに二人を埋めた（以下略）」〔一八五〕。

・中山トヨ子さん（一九二二年生、沖縄・田場出身、一九歳のときサイパン島へ移住）

「壕に入っていると、長男が水が飲みたいと泣きだしたから、友軍（日本軍のこと）兵隊がその子どもをこっちによこせ、殺せという。長男が五歳、長女が一歳になったばかりだった。一か月も避難して食べるものも食べてないから、おっぱいも出ないし、水も飲んでないから泣くわけ。子どもを殺すんだったら私たちも一緒に殺しなさいといったが、出ていけというので、すぐ壕を出た（以下略）」〔一九二〕。

・金城盛諄《せいじゅん》さん（一九一三年生、沖縄・喜屋武《きゃん》出身、二五歳のときテニアン島へ移住）

「カロリナスの岬に追い込まれて、崖から飛びおりて亡くなった方がたくさんいます。敵弾にあたって死ぬよりはと自決する人が多く、怖くて戻ってきた人もいるし、子どもを落として自分たち夫婦は飛び込めなったという方もいました。軍からの命令はなかったのですが、統制がとれずまちまちになって、アメリカ兵に捕まったらどうこうされるというデマがあって、それよりは自分たちで死んだほうがいいとやったんでしょうね（以下略）」［二四三］。

これはほんの一部ですが、太平洋諸島での戦争体験を語る証言は、数多くみられます。太平洋諸島での戦闘は、日米兵士のほか、日本人、朝鮮人、台湾人、現地住民を含む民間人を巻き込んだ悲惨な状況がくりひろげられ、多くの島が焦土と化しました。公学校も日本人の学校も今ではほとんど残っていません。

写真34　チューロキャンプの日本人学校〔『沖縄県史ビジュアル版9　近代②　旧南洋群島と沖縄県人―テニアン島』二〇〇二年：五四〕

6　民間人捕虜収容所での生活・教育

九死に一生を得て生き残った人たちは、民間人捕虜収容所に入れられ、日本への引揚げまでの間、米軍監視下で生活を送りました。そのうちテニアン島ではスッペ収容所、テニアン島はチューロ収容所と呼ばれました。

これらの収容所は、日本人、朝鮮人、現地住民に分けられ、別々の管理が行われました。粗末な掘っ立て小屋でしたが住居が与えられ、食事も出されました。労働によりわずかだが賃金を得ることもできました。主な仕事は、男性は死体処理や土木工事、物資の運搬、女性は洗濯や炊事、看護助手などがあり、収容所内には、病院、売店、託児所、農業・

漁業の協同組合なども作られ、徐々に自治も認められるようになりました。米軍側は伝染病を発生させないよう、衛生管理には細心の注意を払いました。

収容者数はサイパン島ススッペ収容所では、一九四五年一〇月一日で、日本人約一万三六〇〇人、朝鮮人約一四〇〇人、チャモロ約三〇〇〇人、カロリニアン約一〇〇〇人。テニアン島チューロ収容所では、一九四五年一二月末で、日本人約九五〇〇人、朝鮮人約二七〇〇人を数えます（テニアン島には現地住民はいませんでした）（太平洋地域信託領に関する庶務文書、Tinian-Military Government (Civil Administration) Report for Month of 1 October, 1945）。

両収容所とも、収容者の半数が一五歳以下の子どもたちであり、この子らを放置しておくこができず、急きょ「学校」が作られました。

教員は米軍の監督のもと、旧南洋庁の学校教員のほかに、教員不足のため中学校、実業学校、高等女学校出身者が臨時の教員として集められました。

教科書はハワイの小学校から送られてきたものを使い、そのなかから日本人の職員が手作りの問題集や教材を作りました。その一部が残っており、地理、理科、算数などのほか、英語の教科書もありました。出来上がった教材のすべてに米軍が目を通してチェックしました。また軍歌や国歌を歌うこと、国旗をあげること、米軍に敵対する行為はすべて禁止されていました。しかし、ボーイスカウト活動やスポーツなどは奨励され、野外映画や仮設舞台などの娯楽もあり、また、親が戦死した戦災孤児が多数いたため、孤児院も作られました。

写真35　チューロキャンプの子どもたち〔『沖縄県史ビジュアル版9　近代②　旧南洋群島と沖縄県人—テニアン島』二〇〇二年：五四〕

表6　サイパン島ススッペ収容所　小学校登録者数

（人）

	チャモロ カロリニアン	日本人	朝鮮人	合計
1945.4.1	581	2,815	243	3,639
5.1	590	2,858	245	3,693
6.1	587	3,405	243	4,235
10.1 （出席率）	632 98.80%	3,360 95.00%	242 97.00%	4,234

（出所：太平洋地域信託統治領：太平洋信託統治領に関する庶務文書、1944-45年、Tinian-Military Government (Civil Administration) Reportより作成）

表7　テニアン島チューロ収容所　小学校登録者数

（人）

	日本人		朝鮮人		合計
1944.11～ 1945.3	男　915 女　868	1,783	男　266 女　185	451	2,234
1945.4 （出席率）	男　1,058 女　989	2,047 87%	男　299 女　202	501 97%	2,548
1945.10.27 （出席率）	2,070 93%		512 97.90%		2,582

（出所：表6と同じ）※出席率とは、登録者数に対して実際に通学した者の割合。

写真36　収容所で使われた教科書（地理）（二〇一一年撮影）

写真37　収容所で使われた教科書（英語）（二〇一一年撮影）

※最終頁に、POHUKAINA SCHOOL（ホノルル）の印がある。

○コラム・4

テニアン島・チューロ収容所の将校と児童たちの交流

テニアン島・チューロ収容所の教育担当・テルファー・ムック将校は、収容所内の教育体制づくりに大いに尽力しました。そのときムック将校と協力をして仕事を進めたのが、元テニアン国民学校教頭・池田信治氏でした。ムック将校はテニアン中学校のクラス担任も務め、生徒とも交流を深めました。戦後テニアン中学校の同窓会が開かれた際、ムック将校は来日し、元生徒や教師たちと旧交を温めました。そのときの様子は一九九一年一一月三〇日に、日本テレビの「南海の戦場に学校があった！　敵兵と子ども達との交流四六年目の再会」という番組で紹介されました［小林　二〇一六：三五六］。

サイパン孤児院では収容された多くの子どもが衰弱し、死亡する子も多くいましたが、ミルクなどが米軍から支給されるようになって徐々に改善されていきました。当初は仮小屋のような孤児院でしたが、一九四五年六月に新しい建物が作られ、世話をする人も増え、健康診断なども行われました。収容されたすべての子どもに腸内寄生虫の駆除や歯科の検査などを行い、健康記録も作成されました。孤児の数は、一九四四年一〇月は五六人、一九四五年四月は七一人、六月は八三人に増え、引揚げ直前（一九四六年）には一二三人にものぼったと記録されています〔具志川市教育委員会　二〇〇一：八〇—八二〕。養子縁組なども奨励されました。

収容所内の「学校」では英語や民主主義が教えられました。とくに英語については教えることを厳しく指導されました。日系二世（移民として戦前ハワイなどへ移住した人たちの次の世代）が日本人や朝鮮人の教員に英語を教え、子どもたちへの英語指導を援助しました〔太平洋地域信託領に関する庶務文書、Tinian-Military Government (Civil Administration) Report for Month of 1 June, 1945〕。

表6、表7をみてもわかりますように、収容所内の小学校に登録した者はススッペ収容所では、一九四五年一〇月一日で、現地住民六三二人、日本人三三六〇人、朝鮮人二四二人、計四二三四人。チューロ収容所では、一九四五年一〇月二七日で、日本人二〇七〇人、朝鮮人五一二人、計二五八二人となっていました。また、チューロ収容所では正式に中学校も作られ、一九六人の応募者のうち五〇人（日本人四六人、朝鮮人四人）が選抜され、一九四五年四月一日に開校されました。

米軍の監視下とはいえ、戦前の軍国主義教育を取り除き、民主主義を教えた収容所での教育内容は、戦後日本の教育政策のさきがけであったといえます。

五　戦後のミクロネシア——おわりに

1　国連信託統治領

米軍は南洋群島の一部の島に沖縄県出身者を残留させる計画を一時もっていましたが、結局実現しませんでした。

戦後の南洋群島からの引揚げ*は、一九四五年一〇月ヤップ島から始まり、翌年五月のテニアン島発まで続き、引揚げ者総数は約六万人。ほとんどの人が本籍地へ帰還しました。内訳は、内地人二万四一人、沖縄県出身者三万三〇七五人、朝鮮人七七二六人、台湾人五五〇人、中国人一二六人でした［加藤　二〇〇二：二二六］。

では、日本人が去ったあとのミクロネシアの情勢はどうなったのでしょうか。

一九四七年、旧南洋群島は国連安全保障理事会の承認のもとに、「国連信託統治領《しんたくとうちりょう》太平洋諸島」として、アメリカの支配下におかれました。アメリカはまず医療や教育、福祉の改善、自治社会の確立などにつとめ、とくに教育については、主要な島の各村々と離島に、小学校を作り、英語教育を開始しました。一九四八年からは島のリーダーをグアムの教員養成センターに送り教育を行いました。統治の基本方針は、ミクロネシアの人々にアメリカへの尊敬と忠誠を育成することであり、日本の統治時代の建築

＊引揚げ
戦前の日本は、一九四五年八月の敗戦によって一挙に植民地を失いました。敗戦時「外地」には、軍人・軍属・在留邦人およそ六六〇万人の「日本人」がおり、彼らは敗戦にともない移動を開始します。その人の流れは、民間人の場合は「引揚げ」といわれ、軍人たちは「復員」とされることが多いですが、いまだにきちんと定義されないままにその語が使われています。

〇コラム・5
ミクロネシアの世界遺産
二〇一〇年八月、マーシャル諸島のビキニ環礁がミクロネシア初の世界遺産に登録され、「負の遺産」をどう引き継ぐかを考えさせる契機となりました。また、二〇一二年七月にはパラオ諸島の「ロックアイランド群と南ラグーン」が世界遺産として登録されました。

物などは、その影響を一掃するため、徹底的に破壊しました。そしてアメリカの教育制度を導入し、アメリカ式の自由と平等の思想に基づく教育を進めました。日本式の教育からアメリカ式の教育へと急激に変わったのです。現地住民にとっては、大きな混乱があったことでしょう。

2　原水爆の実験場

ミクロネシアの信託統治は、「戦略的信託統治」という特別な扱いで、アメリカが他国に干渉されることなく、軍事基地を設けて軍隊を駐留《ちゅうりゅう》させ、軍事利用できるというものでした。アメリカはこの地域を核実験場とミサイル発射基地とする計画をたてました。

一九四六年、アメリカはマーシャル諸島ビキニ環礁《かんしょう》の人々を無人島に強制移住させ、七月に核実験を始めました。それから一九五八年までの一二年間に渡りビキニとエニウェトック環礁で六七回もの原水爆実験を行いました。そのなかの一九五四年三月一日に行われた水爆実験は、広島型原爆の約一〇〇〇倍の威力のあるものでした。このとき、ビキニ東方のロンゲラップ環礁とウトリック環礁の住民二四三人と、その近くで操業していた日本のマグロ漁船第五福竜丸の乗組員二三人が、放射性降下物いわゆる、「死の灰」をあびて被ばくしました。

同実験後、被ばくしたロンゲラップ環礁やビキニ環礁の住民らは、異常児の出産、死産、甲状腺がん、白血病の多発など健康被害に苦しみ、その後遺症は今も続いています。さらに、土地の放射能汚染により島の住民らは、移住、帰島、再定住を強いられ、生

写真38　第五福竜丸〔第五福竜丸平和協会『写真でたどる第五福竜丸』二〇〇四年：一一〕

まれた島から切り離された生活を送らざるをえませんでした。そのため島独自の伝統文化などを次世代へ継承することが危うくなっているといいます［中原・竹峰　二〇一三：二三五―二三七］。一方、第五福竜丸の乗組員の一人は半年後に死亡し、他の乗組員らにも健康被害が相次いでみられます。さらにのちの調査により、実際被ばくした日本の漁船は、第五福竜丸のほか一〇〇〇隻を超えると推定されています。現在、「第五福竜丸展示館」（東京都江東区）には、当時の船体がそのまま保存、展示されています［高知県ビキニ水爆実験被災調査団編　二〇〇四：六二―八二］。

3　アメリカのミクロネシア統治

一九六〇年代に入ると、アジア・アフリカなど世界的な植民地独立運動が高まりをみせてきました。しかし、アメリカは冷戦構造*のもとの軍事戦略上、ミクロネシアを手離すことはできませんでした。こうしたなか、アメリカのミクロネシアに対する援助政策に転換がみられるようになりました。

信託統治領の援助額が一九六二年度になると、いっきょに一五〇〇万ドルと倍増し、その後も飛躍的に増大しました。一九六五年度は三五〇〇万ドルを計上し、一九七九年度には一億四〇〇〇万ドルにまでに上がりました。一九六六年にはミクロネシアへの平和部隊派遣が決定され、一九七〇年代には一五〇〇人もの平和部隊が投入されました［松島　二〇〇七：一一二］。

平和部隊の隊員は、教育、医療、土木、漁業、民芸品製作、ビジネスなどの技術指導を担当しました。教育分野では、多くの島に学校が作られ、平和部隊の隊員は教員

＊冷戦構造
第二次世界大戦後の米ソ両大国の対立を冷戦といいます。この用語は一九四七～四八年ころから使われ、実際の戦争にいたらない手段による国際緊張状態をさしています。冷戦による国際対立は、国家間の対立だけでなく、資本主義と共産主義という社会体制の対立でもあり、全世界的な規模にわたる対立的な構図を作り出しました。

写真39　第五福竜丸を報じた新聞［一九五四・三・一六『読売新聞』朝刊］

として派遣されましたが、ほとんどが大学新卒者で経験が不足し任期も短いため、期待したほど島の経済発展や生活向上には貢献しなかったといわれています。

一方、「学校建設プログラム」の推進で、一九七〇年には二二四の小学校、二七の中高等学校と二つの短期大学が新設ないし整備されました〔須藤　二〇〇二：三四〇―三四二〕。しかし、アメリカはミクロネシアに対する経済的関心はほとんどなく、軍事戦略的価値のみに関心があったのです。そのため、ミクロネシアの産業は発展せず、莫大な財政援助は続きましたが、生産は停滞し消費のみが増大するという状況でした。高等学校や短期大学の卒業生の多くは、就職口を求めてアメリカなどへ渡っていきました。

4　ミクロネシアに対する戦後補償問題

ミクロネシアの現地住民は一九五〇年代から、日米の戦争でミクロネシアが被った損害に対して、補償を求める運動を始めていました。

これらの動きを受けて、一九六九年四月一八日、日米両国間で、「太平洋諸島信託統治地域に関する日本国とアメリカ合衆国との間の協定」（通称、ミクロネシア協定）が結ばれました。これは旧委任統治領の住民が第二次世界大戦中に受けた被害に対し、日米両国が「同情の念を表明」するものとして、自発的に日米各々五〇〇万ドル（日本円に換算して約一八億円）を支払うことが取り決められたものでした〔松島　二〇〇七：一二〇〕。

しかし、これは賠償金ではなく、あくまでも「同情」により行うものであるという考えによるものでした。そのためこの話し合いは日米両国間だけで合意したものであ

写真40　都立第五福竜丸展示館〔第五福竜丸平和協会『写真でたどる第五福竜丸』二〇〇四年：六八〕

り、当事者であるミクロネシアの住民は交渉過程に参加できず、住民の意思を反映したものではなかったのです。その後も島々から戦後補償の要求が出されましたが、日本政府はミクロネシア協定により解決済みであるとの立場を取っているのです。

5　独立への歩み

ミクロネシアは一九六五年に「ミクロネシア議会」を作り、アメリカ政府と交渉しながら、一つの国家として独立する道を構想していました。しかし、交渉の過程で足並みが乱れ、結果的にはミクロネシア単一の独立ではなく、バラバラな道を歩むことになりました。

ミクロネシア連邦、マーシャル諸島共和国は、一九八六年にアメリカとの自由連合協定を結んで独立しました。自由連合協定とは、軍事権と軍事権にかかわる外交権をアメリカに委ねる制限付きの独立で、いわば軍事基地を提供する見返りに援助金を得られることになりました。

パラオ共和国は、一九八一年に非核条項を含む憲法*を発布しました。そのため自由連合協定を結ぶにあたり、軍事使用に支障が出るため、アメリカから修正をもとめられてきました。島内では反米派の非核憲法をとるか、親米派の自由連合協定をとるか、争いが続き混乱のなか八回の住民投票をへて、やっと自由連合協定をとることが決定し、非核憲法を修正して、一九九四年独立しました。北マリアナ諸島は独立をせず、アメリカの自治領になることを選択しました（地図4）。

○コラム・6

ビキニ事件と映画『ゴジラ』

ビキニ事件から約半年後の一九五四年一一月三日、「水爆大怪獣映画」という宣伝とともに封切られた映画『ゴジラ』（監督・本多猪四郎《いしろう》）は、冒頭から観る者に第五福竜丸の被災を強く連想させました。航海中の貨物船が、突然の閃光《せんこう》の後に沈むのです。これは「ゴジラ」の仕業でした。「ゴジラ」は、水爆実験によって安住の地から追い出されたジュラ紀の恐竜で、体に放射能を帯び、繰り返し日本を襲うのです。日本人はなすすべもありません。これらの場面を見れば、「ゴジラ」の存在は水爆実験とほぼ等しく、「ゴジラ」の恐怖は核実験の恐怖を表しているのは明瞭でしょう［山本　二〇一五：三一］。ゴジラ映画はその後ハリウッド版を含めて全三二作品が作られています。

＊非核条項を含む憲法（非核憲法）
「一九八一年一月一日施行のパラオ共和国憲法は、一九七九年ミクロネシア連邦憲法とともに、最初期の非核憲法である。（中略）憲法第一三条第六節は次のように規定する。

6　日本とミクロネシアのつながり

旧南洋群島の島々は、戦後独立しても、自治領であっても、アメリカにとって太平洋での軍事的な価値はかわらず、これらの島々は莫大な援助金を得、今もアメリカの強い影響下におかれています。

一方、戦後日本では、旧南洋群島への関心は薄く、かつてこの地域が日本の統治下にあったことを知る人は少数派といっていいでしょう。唯一関心があるのは観光業で、「南洋の楽園」をうたった観光ツアーか、元軍人や移民などの高齢者による「玉砕《ぎょくさい》の島」慰霊《いれい》の旅、といったものでしかないといえます。そして、日米両政府は、日米戦に巻き込まれ多大な被害を受けた、島の住民の実態解明などについて、積極的な姿勢を示していません。

これらのことからミクロネシアの国々と日本とは、歴史的に深く関わってきたことがわかるのではないかと思います。そしてその歴史は、島に住んで生活していた現地住民や、この島にやって来た日本人にも深い影響を与えたものでした。そこで行われた教育についても、そうした影響の一部であったといえるでしょう。

つまり、太平洋地域は、戦前は「南洋群島」として、確かに私たち日本人の歴史の一部であったのです。こうした自覚を深くもつことができるならば、太平洋地域への関心はもっと広げられるのではないでしょうか。ミクロネシアの国々と日本との歴史的な関係は、教育の側面をみても、異文化異民族との向き合い方や、戦争と教育の関わりなど、現在につながる問題を考える際の、重要な事実を提起してくれているように思います。

『戦争に使用することを目的とした核兵器、科学兵器、ガスもしくは生物学的兵器、原子力発電所およびそこから生じる廃棄物のような有害物質は、（中略）パラオの領内において、これを使用し、実験し、貯蔵し、または処理してはならない。』（中略）非核憲法の歴史的背景は、スペイン、ドイツ、日本、アメリカによる植民地支配の歴史、第二次大戦における日本と連合国の激戦に巻き込まれた被害、マーシャル諸島における原水爆実験である」［前田二〇〇八：二二一―二二三］。

写真41　ゴジラの漫画（二〇一四年撮影）

また現在のミクロネシアについても、小さな島の国々が周辺の大国との関係のなかで、どのようにして生きのびようとしているのか。環境問題や安全保障の問題など島嶼国家が抱えている様々な現代的な課題は、どれも深く日本と関わっており、けっして日本と無関係なものではありません。

過去においてもこれからを考えていくうえでも、太平洋地域は、日本人にとって簡単に忘れ去ってはいけない、重要な地域といえるのではないでしょうか。

○コラム・7

日本語の残存度

「日本の統治時代に公学校で学んだミクロネシア人は、日系人でなくとも日本語を理解したが、その最後の日本語教育世代も七〇歳から七〇歳後半になっており、日常的にはミクロネシアからは日本語が消滅したと言っていいだろう。」「ミクロネシアにおける歴史遺産としての日本語は、ほとんど消えかかっている。あと数年でミクロネシアにおける歴史的遺産として残っていた日本語は、ほぼ消滅するはずだ。（中略）ただし、ポナペ、トラック、ヤップ、パラオ、マーシャル等々の各島の現地語には、外来語としての日本語がたくさん残っている。これらは今後も生き続けるだろう。ベントウ、ベンジョ、カッソウロ、カイギ、ウンドウカイ、ジャンケン等々挙げていけばきりがない。そして若い世代は、これら単語が日本語起源であるとはつゆ知らずに日常的に使用しているのである。」［小林二〇一〇：二〇七—二〇八］

地図４　ミクロネシア全図

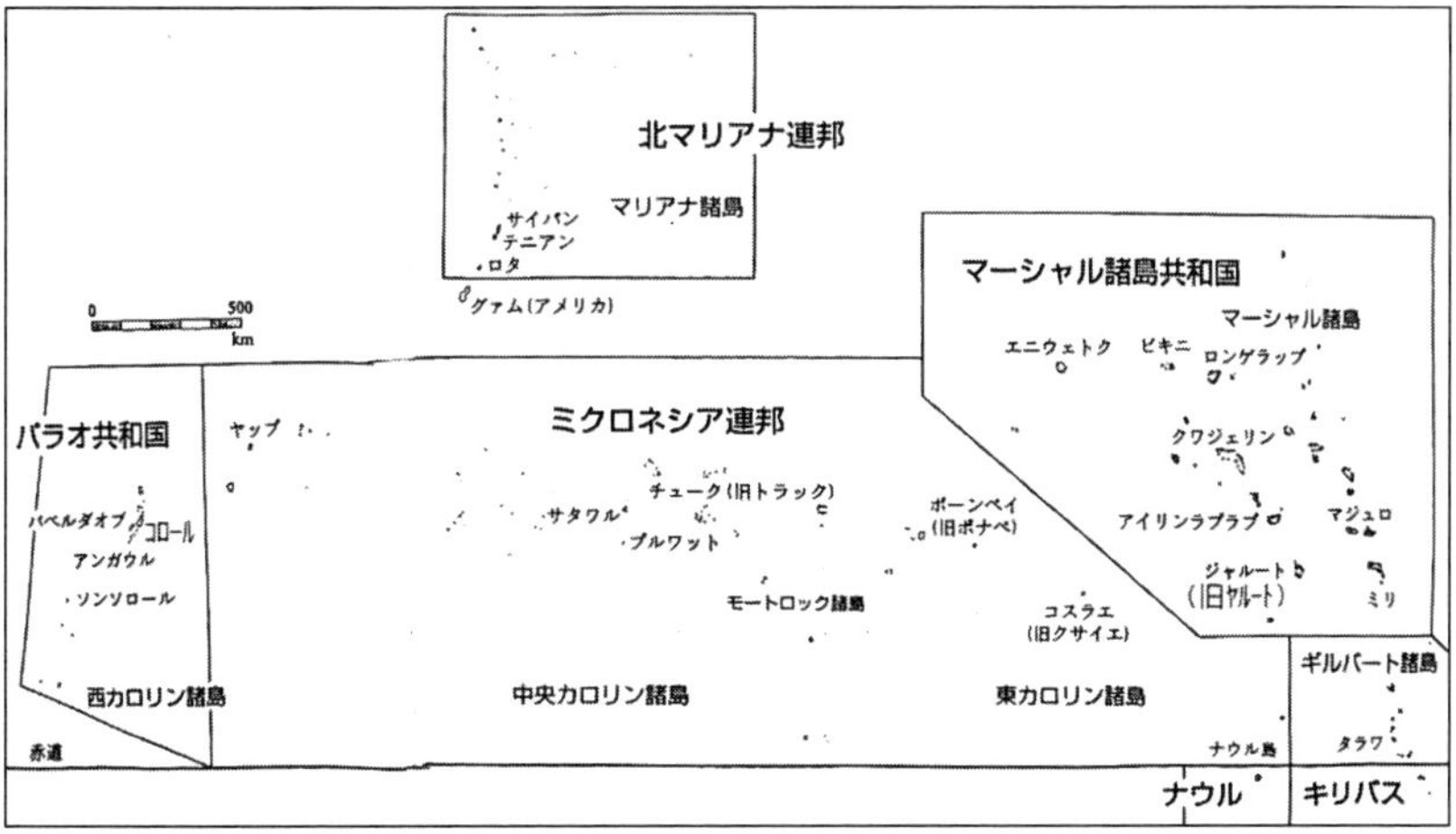

［印東　2005：6-7］

あとがき

数年前、太平洋諸島について学校教育ではどのように教えられているか、中学校社会科三分野の教科書の記述内容を調べたことがあります。

予想したとおり記述の量は少なかったのですが、それにも増して、三分野それぞれが関連性なく、事実が断片的に描かれているという印象をもちました。たとえば、地理的分野では環境問題に関して、歴史的分野では委任統治のことや、アジア太平洋戦争での激戦地であったことについて、公民的分野では非核・反核運動の国際的潮流についてなどが、各々短い文章で述べられていました（写真や地図などは添えられていましたが）。こうした傾向は教科書がいくどか改訂されても、そう大きな変化はみられませんでした。これらの学習からは、太平洋諸島地域についてのまとまったイメージや認識がもちにくく、したがって興味や関心もわきにくいのではないか、というのが率直な感想でした。しかしながら、太平洋諸島地域を扱う学問や研究の世界では違っています。民族学、政治学、歴史学、社会学などここ二〇年くらいの間にも、太平洋諸島地域に関する様々な研究成果が出され、新たな認識や興味ある事実などが提起されており、大きな前進がみられます。

民族学者の故・石川栄吉さんは、太平洋諸島に関する学問的成果を、歴史教育や地理教育なかに生かすことの重要性を唱えていた数少ない研究者の一人でした。小さな島々のことなども含め、「人類の多様性を理解することは、やがて独善的な自民族中心主義や欧米中心の世界認識を打ち破り、われわれを人類一般についての洞察にまで導き、われわれの人間観をひろげてくれるはずである」(『南太平洋物語――キャプテンクックは何を見たか』力富書房、一九八四年：二五五―二五六頁）という石川さんのことばは今の国際情勢を考えるとき、大切なことを言い当てていると感じています。

出来上がったものを読み返してみると、書き足りないところや自分自身の研究の浅さに気づかされることが多々あり、研究の一端でも教育の現場に伝えられるのか、甚だこころもとない気がします。それでも教科書を使った限られた授業時間のなかで、本書が太平洋諸島地域に対する認識を少しでも広げたり、深めたりできる教材の一助となればと思っています。また、日本との関わりからミクロネシアに関することが中心の本書ですが、さらにアジア海域の島々やポリネシア・メラネシアの太平洋諸島へと関心が広がるきっかけとなれば幸いです。自分自身にとっても本書を書くことで研究の方向性を確認できた機会ともなりました。

最後になりましたが、出版にあたっていろいろとお世話になり、ご面倒をおかけした風響社の社長・石井雅氏に感謝のことばを申し上げたいと思います。

二〇一九年一月三〇日

小林　茂子

引用・参照文献

井上亮
　二〇一五　『忘れられた島々「南洋群島」の現代史』平凡社。
今泉裕美子
　二〇一一　「沖縄移民社会」『沖縄県史』各論編第五巻近代。
　二〇一四　「太平洋の「地域」形成と日本――日本の南洋群島統治から考える」『岩波講座日本歴史第二〇巻地域論（テーマ巻一）』岩波書店。
印東道子編著
　二〇〇五　『ミクロネシアを知るための五八章』赤石書店。
沖縄県文化振興会公文書管理部史料編集室
　二〇〇二a　『沖縄県史ビジュアル版9　近代②　旧南洋群島と沖縄県人――テニアン島』沖縄県教育委員会。
　二〇〇二b　『南洋開拓拾年誌』（松江春次）沖縄県史研究叢書一三（影印本）沖縄県教育委員会。
　二〇一一　『沖縄県史各論編第五巻近代』沖縄県教育委員会。
加藤聖文監修・編集
　二〇〇二　「終戦前後に於ける南洋群島概要」『海外引揚関係史料集成国外篇』第三三巻（南方篇）ゆまに書房。
具志川市教育委員会
　二〇〇一　「具志川市だより」第一六号、具志川市教育委員会。
　二〇〇二　『具志川市史　第四巻　移民・出稼ぎ論考編』具志川市教育委員会。
　二〇〇五　『具志川市史　第五巻　戦争編　戦時体験Ⅱ』具志川市教育委員会。
高知県ビキニ水爆実験被災調査団編

二〇〇四　『もうひとつのビキニ事件　一〇〇〇隻をこえる被災船を追う』平和文化。
小林泉
二〇一〇　『もうひとつの戦後史　南の島の日本人』産経新聞出版。
小林茂子
二〇一六　「旧南洋群島民間人収容所における教育と軍政初期の沖縄教育――主にテニアン島チューロ収容所の事例を手がかりに」根川幸男他編著『越境と連動の日系教育史――複数文化体験の視座』ミネルヴァ書房。
財団法人第五福竜丸平和協会編集・発行
二〇〇四　『ビキニ水爆実験被災五〇周年記念・図録　写真でたどる第五福竜丸』。
サイパン尋常小学校保護者会編
一九三五　『さいぱん』創刊号。
菅野静子
二〇一三　『新版　戦火と死の島に生きる太平洋戦・サイパン島全滅の記録』偕成社文庫。
専習会
一九九〇　『南洋興発株式会社附属専習学校校誌』。
創立一一〇周年記念誌事業実行委員会
二〇一二　『会工賛歌――輝け鶴翔の連なり』福島県立会津工業高等学校。
太平洋地域信託統治領：太平洋地域信託統治領に関する庶務文書
一九四四―四五　'Tinian-Military Government (Civil Administration) Report.
田中準一
一九八六　『風来坊先生滞南記――或る教師の南洋群島生活記録』和師翠交会。
一九八八　『カナカの子らと共に――続風来坊先生滞南記』和師翠交会。
田中忠
二〇一一　『石貨の島へ――ヤップの教育今昔』春風社。
土岐哲
二〇〇一　「もうひとつの日本語コミュニケーション」『月刊日本語』一六一、アルク。
南洋群島教育会

一九三五～一九四〇『南洋教育』第一巻第二号～第七巻第三号。
一九三八『南洋群島教育史』旧植民地教育史資料集一（一九八二年復刻版）青史社。
南洋庁内務部企画課
一九四一『南洋群島要覧　昭和十八年版』。
南洋庁
一九三二『南洋庁始政十年記念　南洋群島写真帖』（二〇〇八年復刻版・アジア学叢書一九〇）大空社。
中原聖乃・竹峰誠一郎
二〇一三『核時代のマーシャル諸島――社会・文化・歴史、そしてヒバクシャ』凱風社。
能仲文夫
一九三四『赤道に背にして』（一九九〇年復刻版）南洋群島協会。
野村進
二〇〇五『日本領サイパン島の一万日』岩波書店。
前田朗
二〇〇八『軍隊のない国家――二七の国々と人びと』日本評論社。
増田義郎
二〇〇五『太平洋――開かれた海の歴史』集英社新書。
松島泰勝
二〇〇七『ミクロネシア――小さな島々の自立への挑戦』早稲田大学出版部。
宮脇弘幸監修
二〇〇六『南洋群島国語読本』全八巻、大空社。
二〇一二『南洋群島国語読本』補遺全一巻、大空社。
森亜紀子
二〇一三「委任統治領南洋群島における開発過程と沖縄移民」『日本帝国圏の農林資源開発』京都大学学術出版会。
森岡純子
二〇〇六「パラオにおける戦前日本語教育とその影響」『山口幸二教授退職記念論集』立命館

大学法学会。
山本昭宏
二〇一五　『核と日本人——ヒロシマ・ゴジラ・フクシマ』中公新書。

参考文献（さらに理解を進めるために）

浅野豊美編集
二〇〇七　『南洋群島と帝国・国際秩序』慈学社出版。
安斎育郎・竹峰誠一郎
二〇〇四　『ヒバクの島マーシャルの証言——いま、ビキニ水爆被災から学ぶ』（かもがわブックレット）かもがわ出版。
石上正夫
一九八三　『日本人よ忘るなかれ——南洋の民と皇国教育』大月書店。
二〇〇一　『大本営に見捨てられた楽園——玉砕と原爆の島テニアン』桜井書店。
石川栄吉編
一九八七　『オセアニア世界の伝統と変貌』民族の世界史一四、山川出版社。
岡谷公二
二〇〇七　『南海漂蕩——ミクロネシアに魅せられた土方久功・杉浦佐助・中島敦』冨山房インターナショナル。
小野俊太郎
二〇一八　『太平洋の精神史——ガリヴァーから『パシフィック・リムへ』彩流社。
加藤一夫
二〇一二　『やいづ平和学入門——ビキニ事件と第五福竜丸』論創社。

川崎昭一郎
　二〇〇四　『第五福竜丸――ビキニ事件を現代に問う』（岩波ブックレット）岩波書店。
川村湊編
　二〇〇二　『中島敦――父から子への南洋だより』集英社。
ケイト・デュース&ゾール・デ・イシュター編（岩崎裕保、大庭里美、石堂良人訳）
　二〇〇一　『非核と先住民族の独立をめざして――太平洋の女性たちの証言』現代人文社。
公益財団法人第五福竜丸平和協会編・発行
　二〇一四　『第五福竜丸は航海中――ビキニ水爆被災事件と被ばく漁船六〇年の記録』。
小林泉
　一九九四　『アメリカ極秘文書と信託統治の終焉』東信堂。
清水久夫
　二〇一六　『土方久功正伝――日本のゴーギャンと呼ばれた男』東宣出版。
須藤健一
　二〇〇〇　「ミクロネシア史」『新版世界各国史二七　『オセアニア史』山川出版社。
武田一義
　二〇一七　『YOUNG ANIMAL COMICS ペリリュー・楽園のゲルニカ』一～五、白泉社。
等松春夫
　二〇一一　『日本帝国と委任統治――南洋群島をめぐる国際政治一九一四―一九四七』名古屋大学出版会。
中島敦
　二〇〇一　『南洋通信』中公文庫。
仲程昌徳
　二〇一三　『「南洋紀行」の中の沖縄人たち』ボーダーインク。
早瀬晋三・鈴木亮編著
　一九九七　『写真記録　東南アジア――歴史・戦争・日本1　フィリピン・太平洋諸国』ほるぷ出版。
マーク・ピーティー（浅野豊美訳）

二〇一二　『植民地：二〇世紀日本：帝国五〇年の興亡』慈学社出版。
吉岡正徳編
二〇〇九　『オセアニア学』京都大学学術出版部。
歴史教育者協議会編集
二〇〇四　『シリーズ知っておきたい　フィリピンと太平洋の国々』青木書店。
Don A. Farrell
1991　*History of the Northern Mariana Islands*, Public School System Commonwealth of the Northern Mariana Islands.
Lin Poyer, Suzanne Falgout, Laurence Marshall Carucci
2001　*The Typhoon of War: Micronesian Experiences of the Pacific war,* University of Hawaii Press, Honolulu.
Mark R. Peattie
1988　*Nan'yō The Rise and Fall of the Japanese in Micronesia 1885-1945*, University of Hawaii Press, Honolulu.

著者紹介

小林茂子（こばやし　しげこ）

1956年生まれ。

2006年、中央大学大学院文学研究科（教育学専攻）博士後期課程修了。博士（教育学）。

専攻は南洋地域の教育史、沖縄移民史研究。

現在、中央大学、東洋大学、実践女子大学非常勤講師。

主著書として、『「国民国家」日本と移民の軌跡：沖縄・フィリピン移民教育史』（学文社、2010年）、『越境と連動の日系移民教育史：複数文化体験の視座』（ミネルヴァ書房、2016年、共著）、論文として、「1930年代後半南洋群島における公学校教育の果たす役割：「体験記」からみた日本人教員の教育活動を手がかりに」（『移民研究年報』23号、2017年）、「南洋群島における日本人小学校の教育活動：南洋庁サイパン尋常小学校保護者会誌『さいぱん』（1935年）をもとに」（『海外移住資料館　研究紀要』10，2016年）、「開戦前後におけるマニラ日本人小学校にみる教育活動の変容：発行された副読本と児童文集を手がかりに」（『日本研究』50集、2014年）、「マーシャル諸島・スタディツアーに参加して：ビキニ事件から太平洋諸島地域へ関心を広げる」（『立命館平和研究』14号、2013年）、「旧南洋群島公学校補習科教科書『地理書』をめぐる諸問題：委任統治政策との関わりにおいて」（『植民地教育史研究年報』14号、2012年）など。

砂糖と移民からみた「南洋群島」の教育史

2019年2月15日　印刷
2019年2月25日　発行

著　者　小林茂子

発行者　石井　雅
発行所　株式会社　風響社

東京都北区田端 4-14-9（〒114-0014）
Tel 03（3828）9249　振替 00110-0-553554
印刷　モリモト印刷

ISBN987-4-89489-409-9　C0022